'생업'은 생활 속에서 구체적인 '실마리'를 찾아내어 작은 일 하나하나를 나만의 사업으로 만드는 것이다. 몽골에 가고 싶었지만 원하는 상품이 없어 연 2회 '몽골 진짜배기 생활체험 캠프'를 시작했다. 이 캠프는 정해진 코스나 일정 없이 유목민 문화를 실제로 보고 체험하는 워크숍으로 현지에서 모이기도 한다.

'시골에서 장작가마로 굽는 빵가게 열기' 강좌에서.

시골 생활이 어떤지 알아가면서 수입을 확실히 얻을 수 있는
기술을 익히는 실천적 워크숍을 하고 싶다는 생각에서 만든
'시골에서 장작가마로 굽는 빵가게 열기' 강좌.

목조로 된 학교 건물에서
결혼식을 올리고 싶다는 예비
부부를 위한 결혼식도 기획,
운영한다. 사진 촬영 및 답례품과
청첩장 제작 기획 단계부터 작가,
디자이너와 함께한다. 식장은
인테리어 일을 하는 친구와 함께
장식했다. 음악 및 사회도 각각
자신 있는 사람들이 담당한다.

큰 사무실을 빌려서 나누면 싸고 넓은 공간을 사용할 수 있다는
단순한 생각에서 시작한 셰어 아틀리에 '스튜디오 4'.
실내 인테리어를 직접 했고, 커튼도 사용자들이 만들었다.

일박부터 숙박 가능한 교토의 독채 임대 숙소 '고킨엔'.
이곳도 학생 시절을 보낸 교토에 갈 때 머무를 곳이
있으면 좋겠다는 단순한 동기에서 시작했다.

古きと新しき文化の拠点
京都一棟貸し宿
古今燕

마루 깔기 작업. 테이블 등 가구도 직접 만들었고 흙마루에는 부뚜막도 놓았다. 생활의 자급도를 높이면, 필요한 것을 사기 위해 돈을 버는 노동에 빼앗기는 시간이 줄어든다. 그러다 보면 '인생을 도둑맞지 않게 될' 가능성이 조금씩 높아지지 않을까?

매실 수확은 장마철이 농번기다. 이 시기에만 일손이 필요하다고 하여 매실 수확을 돕고 있다. 매실주를 담그는 데 사용하는 매실은 땅에 떨어지기 전에 수확해야 한다.

옷 수선해 입기. 너덜너덜해진 옷을 어디까지 고쳐 입을 수 있을지 도전.
수선을 하면 겉보기도 달라지고 재미있는 옷이 된다.

산골 할머니들이 만든 생화 장식 '하나아미'. 구마모토의 산기슭,
와카야마 현 고자가와마치는 고령자가 많고 젊은 사람이 없는 한계취락이다.
일손이 부족해 경작을 못 하고 있는 이곳 농경지에서 화초를 키워 만든 장식을
판매하는 일을 돕고 있다.

건강을 유지하기 위해 태극권을 연마하고 있다. 건강도 '자급'을 실천한다.

가끔 주먹밥을 전문으로 하는 출장요리 서비스도 한다.

폐촌 조사. 폐촌을 방치하는 것이 아까워
부활시킬 방법을 꾸준히 연구하고 있다.

생업의 10가지 원칙

☞ 생업을 통해 일상이 살아난다.
☞ 고객을 도와주되, 의존하지 않도록 한다.
☞ 자립하는 사람을 늘리는 일에 기여한다.
☞ 생업은 혼자서 시작할 수 있다.
☞ 집세와 같은 고정 비용에 쫓기지 않는 삶을 산다.
☞ 주는 이도, 받는 이도 자연스럽게 친구가 된다.
☞ 전업이 아니어도, 전업보다 더 본질적인 가치를 만든다.
☞ 일을 통해 삶의 실감을 되찾는다.
☞ 일부러 매출을 늘리려 애쓰지 않는다.
☞ 자기가 진심으로 하고 싶은 일을 만든다.

작고 소박한 나만의 생업 만들기

인생을 도둑맞지 않고 사는 법

작고 소박한
나 만 의
생업 만들기

ナリワイをつくる

이토 히로시 지음
지비원 옮김

메멘토

NARIWAI WO TSUKURU : JINSEI WO NUSUMARENAI HATARAKIKATA
Copyright © 2012 by Hiroshi Ito, Tokyo Shoseki Co., Ltd. All rights reserved. Original Japanese edition published in 2012 by Tokyo Shoseki Co., Ltd. Korean translation copyright © 2025 by Memento Publishing Co. This Korean edition published by arrangement with Tokyo Shoseki Co., Ltd., Tokyo, through BC Agency.

이 책의 한국어판 저작권은 BC 에이전시를 통해 저작권사와 독점 계약한 '메멘토'에 있습니다. 저작권법에 따라 한국 내에서 보호받는 저작물이므로 무단전재와 복제를 금합니다.

차례

25 한국어판 개정판에 부쳐

29 들어가며
37 생업 연습문제

제1장
생업이란 무엇인가

41 일과 삶이 하나 되는 작은 일의 철학
51 일은 본래 자기가 만드는 것이었다
55 전문가가 아니어도 괜찮다
58 정면승부는 피하는 '그럭저럭 작전'
60 프리랜서도 자유롭지 않다
63 상식을 뒤집어보라
66 지출을 줄이면 수입이 두 배가 되는 효과
69 속도전에는 가담하지 않는다
71 해봤더니 안 되더라, 그러고 말면 될 일
74 생업의 출발점은 나 자신
78 회사는 직원들의 부업을 허하라
80 생업의 10가지 원칙
82 생업 연습문제

제2장
지출을 점검하고 줄이자

87 가뿐한 삶을 위한 지출 줄이기
91 불안의 정체를 알면 두려움이 사라진다
96 인생의 가치를 재배치하기
101 돈 없이 자립적인 삶 구축하기
106 보험보다 동료 만들기
112 생업 연습문제

제3장
생업을 만들자

117 생업 만들기 훈련 1, 미래 예측
121 미래 예측 삼단계 훈련법
126 생업 만들기 훈련 2, 발밑을 보라
129 난처함이 종종 일의 실마리가 된다
131 찾지 말고 만들어보자
134 관성 너머, 아마추어의 상상력으로
138 생업 연습문제

제4장
생업을 해보자

143 "현장에 단서가 있다"
149 적절한 가격의 기준
152 플랫폼을 내 편으로
156 전업의 함정에서 벗어나 내 생업 구상하기
163 고객도 동료로 만드는 생업의 힘
167 연봉보다 삶의 기술
170 생업 연습문제

제5장
생업은 같이하면 더욱 즐거워진다

175 '싫은가, 싫지 않은가'라는 감각이 기준
182 '시골에는 일이 없다'는 말은 사실일까
186 건강, 즐거운 대화, 재미있는 놀이
198 우리에겐 새로운 노동 방식이 필요하다

201 나오며
204 옮긴이의 말

일러두기

☞ 이 책은 2012년 도쿄쇼세키(東京書籍) 사에서 출간된
『생업을 만들다: 인생을 도둑맞지 않고 일하는 방식(ナリワイをつくる:
人生を盗まれない働き方)』을 한국어로 옮긴 것이다.

☞ 맞춤법과 외래어 표기는 1989년 3월부터 시행된
〈한글 맞춤법 규정〉에 따랐다.

☞ 원주와 역주는 해당 본문 옆 괄호 안에 두었고, 역주는 (—옮긴이)로 표시했다.

한국어판 개정판에 부쳐

최근 들어 "생업 책을 읽고 가게를 시작했어요!"라는 말을 종종 듣는다. 이 책은 나의 첫 단행본으로, 2012년 출간 후 어느덧 13년이 지났다. 당시 일본은 2011년 동일본대지진의 여파 속에 있었고, 전 세계는 2008년 서브프라임 모기지 사태(한국에서도 동시에 통화 위기가 발생했다)의 여진을 겪고 있었다.

이러한 재난과 위기는 일본에서 트위터(현재의 X)와 같은 소셜 미디어의 급속한 확산에도 영향을 미쳤다. 지금의 소셜 미디어는 비방과 음모론으로 정보 환경을 왜곡하기 쉬운 공간이 되었지만, 당시의 트위터는 낯선 사람들과도 오프라인에서 자연스럽게 모임을 만들 수 있었던, 다소 목가적인 인터넷 공간이었다.

시대 배경부터 꺼낸 것은, 이 책이 단순히 시사적인 사건에 반응하여 쓰인 것은 아니기 때문이다. 내가 태어나기 전인 1971년에 방영된, 일본의 유명 요괴 만화가 미즈키 시게루(水木しげる)의 원작 애니메이션 〈게게게의 기타로(ゲゲゲの鬼太郎)〉에 이런 대사가 나온다. "나는 자본주의가 곧 막다른 길에 다다를 거라고 생각한다!" 현대 경제와 일, 그리고 인간의 삶 사이에 존재하는 모순은 이미 오래전부터 감지되고 있었던 것이다.

내가 초등학생이던 시절, 문명과 자연, 인간의 관계를 다룬 만화나 애니메이션이 제법 많았다. 특히 〈천공의 성 라퓨타〉, 〈이웃집 토토로〉, 〈반딧불이의 묘〉 같은 작품들이 유명

했고, 〈바람계곡의 나우시카〉도 TV에서 종종 방영되곤 했다.

'인류세'라는 말이 나오기 훨씬 전부터 작가들은 다양한 이미지를 통해 이를 예견했고, 학자들은 경제 활동에 내재된 모순의 원인을 분석하며 대안을 모색하자고 제안했다. 시민들은 젠더 차별, 전쟁, 환경 파괴에 맞서 끊임없이 항의해왔다. 돌이켜보면, 이들 모두가 내게 영향을 미쳐왔다고 느낀다.

나는 어느 순간부터 학문적인 경고나 판타지적 상상력보다, 생활 속 실천이 부족하다는 생각을 자주 하게 되었다. 그래서 실천에 방점을 두기로 했다. 일반적인 비즈니스는 언제나 확장을 요구한다. 매출은 클수록 좋다고 여겨지고, 그 때문에 발생하는 다양한 모순은 성장을 멈추지 않는 한 해결하기 어렵다. 팔로어 수가 수십만 명에 이르는 유명인이 소셜미디어에 게시물을 하나 올리는 것만으로도, 이름 없는 몇 가구가 1년 동안 사용하는 전기를 순식간에 소비하기도 한다.

'생업 만들기'는 그런 구조와는 전혀 다른 방향의 삶과 일을 만들어내는 시도다. 주식 상장을 목표로 하지도 않고, 대규모 비즈니스처럼 보일 만한 외양도 없다. 하지만 분명히 '일'이며 동시에 '삶'이다. 놀이처럼 즐겁고, 새로움을 발견할 수 있으며, 하면 할수록 동료가 생기고 건강도 좋아진다. 산업이 안고 있는 문제를 좀 더 가볍게 해소하고 싶은 사람이라면 누구나 시도할 수 있는, 작지만 미래 지향적인 사업 모델이다. 생업을 한정된 공동체 안에서만 실현하거나 공상으로만 하지 않고, 현실 속에 존재하도록 만드는 활동이기도 하다. 이 책은 그 실험의 기록이다.

책이 나왔을 당시 나는 생업 만들기를 본격적으로 시작한 지 약 5년쯤 된 상태였다. 아직 모든 것이 확고하지는 않았지만, 지금에 비하면 훨씬 단순했다. 시간이 흐르면서 생업의 종류도 다양해졌고, 내 DIY 기술도 눈에 띄게 늘었다. 육아와 생업 실천을 병행하는 삶에도 도전해왔다. (한 번은 아기를 데리고 혼자 한국으로 출장을 간 적이 있는데, 유모차를 들고 계단을 오르내릴 때마다 사람들이 도와줘서 정말 감사했다.) 다음 책을 쓴다면 지금보다 훨씬 다양한 관점에서 이야기할 수 있을 듯하다.

한편, 활동 초기의 기록을 담은 이 책은 지금 읽어봐도 여전히 분명한 질문과 관점, 그리고 그에 대한 열정을 품고 있다. 거의 무일푼으로 생업 만들기를 시작하며 가졌던 문제의식과 통찰을 생각의 흐름에 따라 솔직하게 써 내려갔다. 가끔 다시 읽다 보면 "맞아, 그랬었지" 하고 떠올리게 된다. 어떤 시기에 중요하게 여겼던 생각을 문자로 남겨두면 쉽게 잊히지 않는다. 그것이 책의 힘이다.

독자들로부터 받은 피드백 중 특히 흥미로웠던 것은 "읽는 시점에 따라 인상 깊은 부분이 달라진다"는 말이었다. 동영상 콘텐츠는 창작자의 의도대로 보는 이의 사고를 끌고 가는 힘이 강하지만, 책은 훨씬 더 자유롭다. 읽는 사람이 원하는 방식대로 읽고, 원한다면 특정 페이지만 골라 읽을 수도 있다. 책은 다양한 요소를 숨겨둘 수 있는 매체다.

이 책은 선언문처럼 읽힐 수도 있고, 체험담이나 에세이처럼 느껴질 수도 있다. 어떤 의미에서는 독자와 미래의 나 자신에게 건네는 약속이기도 하다. 책에 담긴 내용과 명백히 모순되는 방식으로 돈을 번다면, 독자에게 큰 실망을 안겨줄 것이다. 이 점은 안심해도 좋다. 나는 지금도 변함없이 '실업(實業)'에 힘쓰고 있다. 생업은 '행복하고 느슨한 콘셉트'로 고안되었기에, 얽매이지도 않고 지루해지지도 않는다. 엄격함보다는 동기와 유연성을 중시하는 것, 그것이 생업의 미덕이다.

최근 내가 몰두하고 있는 것은, 뜻을 같이하는 동료들과 좀 더 직접적으로 협력하는 방식에 대한 연구와 실험이다. 기력과 아이디어, 원기가 자연스럽게 솟아나고, 생활을 유지하는 데 드는 에너지를 줄여 자유 시간을 확보할 수 있는 공간과 모임을 어떻게 만들 것인가를 고민하고 있다.

20년 가까이 생업 활동을 지속하면서 절감한 것은, 혼자 일하면 쉽게 지칠 수 있고, 프리랜서나 자영업은 원치 않게 어두운 구석에 빠지기 쉽다는 점이다. 이런 문제를 피하기 위해서는 무엇보다도 매일 건강을 단련하고 증진하는 것이 필요하다. 그리고 자신의 가치관을 유지하고, 그것을 다른 사람과 공유하는 일이 결정적인 열쇠가 된다고 믿는다.

그런 의미에서 이 책은 '엄격함'을 강조하기보다는 '느슨함'을 위한 여지를 남겨 두었다. 그래서인지 책을 읽은 사람들끼리 자연스럽게 대화를 나누기 쉬운 책이 되지 않았나 싶다. 이 책이 공통된 가치관을 나누고 키워가는 데 있어 독자들 사이에 좋은 매개가 된다면, 저자로서 더없이 기쁠 것이다.

이토 히로시

들어가며

혼자서도 시작할 수 있고, 돈 때문에 내 시간과 건강을 해치지 않으며, 하면 할수록 몸과 머리가 단련되고 기술이 쌓이는 일. 이것이 바로 '생업(生業, ナリワイ)'이다. 앞으로는 한 사람이 세 가지 이상의 생업을 갖고 있으면 즐겁게 살아갈 수 있는 시대가 오리라 생각한다.

'일' 하면 가장 먼저 취직을 떠올린다. 회사에 다니는 것을 상식으로 여기는 것이다. 게다가 오늘날에는 '일은 생활을 희생하며 하는 것'이라는 인식이 당연하게 받아들여지고, 자신의 시간과 건강을 돈과 교환한다고 생각한다.

문제는 그렇게 일을 하는 것 자체가 매우 힘들어졌다는 점이다. 건강이 나빠져 회사를 그만두는 사람도 적지 않다. 실제로 우울증이나 과로로 퇴사한 나의 지인과 친구가 열 명이 넘는다.

나 역시 작은 벤처 기업에서 밤낮없이 일한 적이 있다. 그때는 집과 회사가 완벽히 분리된 생활이었기에 기억나는 일이 거의 없다. 스트레스 때문이었는지, 하겐다즈 아이스크림을 먹지 않으면 잠들지 못했던 때도 종종 있었다. 잠자는 시간을 줄여가며 번 돈이 수면 부족으로 생긴 스트레스를 해소하는 아이스크림 값으로 사라졌다.

이건 좀 이상하지 않은가? 지금도 자칭 커리어 컨설턴트들이 방송에 나와 '일이 인생 대부분을 차지하니 제대로 선택해야 한다'고 취업 준비생들에게 조언한다. 하지만 그 조언을 듣기 전에 생각해보자. 인생 대부분을 삶과 동떨어진 일에 잠식당해도 괜찮은가?

다이쇼(大正) 9년(1920)에 실시한 국세조사(國勢調査: 일본 내 인구, 세대, 산업구조 등을 파악하기 위해 5년마다 한 번씩 행하는 통계조사—옮긴이)에 따르면, 당시 사람들이 신고한 직업이 약 3만 5000종에 달했다. 반면 현재 후생노동성의「일본표준직업분류」에는 고작 2167개의 직종이 등재돼 있다. 불과 90여 년 사이에 직업의 수가 급감했고 일의 다양성도 줄어든 것이다.

전후 '주식회사 일본'은 이런 다양성을 버리고 업종을 집중함으로써 고도 경제 성장을 이루었다. 그러나 21세기에 접어들면서 그 산업 구조도 변곡점을 맞는다. 2012년에는 제조업이 대규모 구조조정을 시작했고, 단 세 개의 기업에서만 2만 명이 넘는 인원이 명예퇴직을 신청했다.

일의 다양성을 잃어버린 우리는 어디로 가고 있을까? 경기가 어렵다고 하지만 일의 양은 줄지 않는다. 반면 쓰레기는 늘어난다. 더 이상 새롭게 만들어낼 것이 없지 않을까 싶은 정도다. 이런 모순을 접하다 보면 자연스레 의문이 떠오른다. "도대체 왜 이렇게 바쁜 걸까?"

모순의 원인 중 하나가 '전업화'다. 사람들 대부분이 오직 한 가지 일만 해야 한다는 통념이 있으니 경쟁이 극심해진다. 하나의 일로 생계를 잇기 어려운 경우에는 억지로 규모를 키워야 하니 노력 대비 만족스런 결과를 얻기 힘들다.

이대로는 버틸 수 없다.

원래는 계절마다 생업이 달라졌고 다양한 일을 조합해 삶을 꾸려갔다. 그런데 이 방식이 4, 50년 사이에 완전히 달라졌다. 일본 노동문화의 근원적인 모순이 여기에서 비롯한다.

예컨대 니트(Not in Education, Employment or Training의 약자. 학생도 아니고 직장인도 아니면서 취업을 할 의욕도 없는 무직 상태의 젊은 사람들을 가리킨다—옮긴이) 문제도 직업의 다양성이 사라지자 기존의 틀에 적응하지 못한 사람들이 표면화된 것에 불과하다. 그런데도 여전히 '직업 훈련' 외에 다른 대안이 없다면 참으로 무력하달밖에. 새로운 일을 만들어내지 않으면 문제는 해결되지 않을 것이다.

연봉은 여전히 일의 가치를 판단하는 강력한 기준이다. 하지만 연봉이 높은 만큼 스트레스가 많거나 건강이 상하고 지출이 늘어난다면 본말이 전도된 게 아닐까?

이런 문제에 대한 대안이 제시되기도 했다. 후지무라 야스유키(藤村靖之, 1944~: 발명가. 니혼 대학 공학부 객원교수. 대표 저서로 『3만 엔 비즈니스, 적게 일하고 더 행복하기』가 있다)가 "한 달에 3만 엔 버는 일을 열 개 만들자"고 제안했고, 미야모토 쓰네이치(宮本常一, 1907~1981: 일본을 대표하는 민속학자. 대표 저서에는 『생업의 역사』가 있다)는 다양한 직업을 조합해 살아가는 농촌의 삶을 소개했다.

독일만 해도 십여 년 전까지 약 10퍼센트의 기업이 전체 노동자의 약 90퍼센트를 고용하고 있었지만, 지금은 그 비율이 약 65퍼센트로 낮아졌다. 독일의 철학자 한스 이믈러

(Hans Immler: 『경제학은 자연을 어떻게 다루어왔는가(Natur in der Ökonomischen Theorie)』의 저자)도 세계화된 사회에서 새로운 가족 경영형 경제 단위의 가능성을 이야기한다.

미래의 일은 생활과 균형이 맞아야 하며 몸과 마음을 함께 돌볼 수 있는 것이어야 한다.

요즘 '새로운 일하기 방식'으로 제시되는 것들은 세계화가 진전될수록 심해지는 경쟁에서 살아남을 수 있는 능력을 계발하고, 스스로를 광고하듯 팔 수 있어야 한다고 이야기한다. 하지만 극심한 경쟁에서 건강까지 지키며 버틸 수 있는 사람은 극히 일부로 대부분 전투적인 성격을 가진 사람들이다.

이 책에서 말하는 '생업'은 그것들과 다르다. 거대한 사업은 전쟁터 같은 세계다. 너도나도 이용하던 대규모 웹서비스들이 몇 년 사이에 쇠퇴하는 사례를 눈앞에서 목격했다. 그런 비즈니스는 '생업'이 아니다.

생업은 작은 일들을 조합하여 나만의 생활을 구성해가는 것으로, 공룡 비즈니스 모델에서 미생물 비즈니스 모델로 전환하려는 시도다.

창업이라 하면 많은 준비와 거창한 시스템이 필요할 것 같지만 생업은 생활 속에서 구체적인 '실마리'를 찾아내어 작은 일 하나하나를 나만의 사업으로 만드는 것이다. 큰 투자를 받을 필요도 없다. 오히려 투자를 받으면 출자자들의 기대에 얽매일 수 있으니, 이 역시 바람직하지 않다.

오늘날 우리는 자급하며 사는 능력이 크게 떨어져 있다.

별달리 하는 일도 없는데 지출이 많다. 일을 잠시 접고 멈춰 설 만한 여유가 없는 것이다. 생각할 틈도 없이 대출을 받아 집을 사고, 돈이 급해 내키지 않는 일을 떠맡기도 한다.

이러다간 인생을 도둑맞는다. 우선 자급력을 높이고 불필요한 지출을 줄이자. 습관처럼 쇼핑하는 버릇만 줄여도 여유가 생긴다. 새로운 일을 시작하려면 시간과 마음의 여유가 필요하다. 돈을 쓰지 않고 필요한 것을 직접 궁리해 만들다 보면 자급력이 저절로 생긴다. 그렇게 하다 괜찮은 기술이 생기면, 그것이 바로 '생업'이 된다.

요리를 좋아한다면, 실력을 조금씩 키워 누군가의 파티 요리를 맡아보는 것도 좋다. 처음엔 자원봉사처럼 시작해도 괜찮다. 그런 경험을 쌓아 작은 사업으로 이어가면 된다. 요즘은 외식보다 신선한 재료를 사서 집에서 요리하는 것이 더 경제적이다. 요리를 하다 보면 식생활도 즐거워진다. 규모가 크든 작든, 결국 사업이 될 것이다.

'생업'은 말 그대로 '삶[生]'과 '일[業]'이 합쳐진 것이다. 노동이 아니냐고 반문할지 모르지만, 즐거움을 동반해야 하므로 단순한 노동이 아니다. 그 목표는 어디까지나 삶을 충실하게 만드는 데 있다.

물론 '생업'만으로 곧바로 생계를 이어가는 건 무리일지도 모른다. 하지만 회사 일에 지장을 주지 않는 선에서 작은 생업 하나쯤은 누구나 시작할 수 있다. 단 하나의 '생업'만으로도, 월급에만 의존했던 삶과는 전혀 다른 일상이 펼쳐진다.

그것은 곧 삶에 대한 자신감으로 이어진다.

나는 생업 중심의 삶을 살아온 지 6년째다. 몽골에 가고 싶었지만 원하는 상품이 없어 연 2회 '몽골 진짜배기 생활체험 캠프'를 시작했다. 건강한 자영업자들의 삶을 직접 배우고 싶어 그들을 강사로 초청한 단기 집중강좌 '구마노 생활 방식 디자인 스쿨—시골에서 장작가마로 굽는 빵가게 열기'도 기획했다. 그렇게 일곱 가지 생업을 만들었다.

또 목조로 된 학교 건물에서 결혼식을 열 수 있도록 디자이너, 작가와 함께 실내 장식, 청첩장, 사진 촬영, 답례품 등을 기획해 '목조 교사(校舍) 웨딩'이라는 사업도 운영하고 있다. 직접 리모델한 셰어 아틀리에 '스튜디오 4'와 교토의 숙소 '고킨엔(古今燕)' 운영, 친구의 매실 농장 수확철 일손 돕기와 상품 개발 협업, 산골 마을 할머니들이 만든 생화 장식 '하나아미'의 판매를 지원하기도 한다.

이 모든 일은 영업을 해서 따낸 것이 아니다. 살면서 만나온 사람들에게 도움 되는 일을 한다는 단순한 동기에서 시작했다. 하나만으로는 생계를 유지하기 어렵지만 여러 일을 조합해 도쿄를 중심으로 생활하고 있다.

특히 집을 짓고 고치는 데 힘을 기울였다. 그 덕에 건물 해체, 흙벽 바르기, 페인트칠, 맹장지(일본 전통 가옥에서 방을 구획하고 빛을 조절하기 위해 사용하는, 종이를 붙인 나무틀로 만든 미닫이문—옮긴이) 바르기, 콘크리트 블록 담 철거, 마루 깔기, 매물 찾기 등은 어느 정도 할 수 있게 되었다. 이런 일들은 아는 사람들과 함께하면 놀이 같아 마치 학교에서 특별활동을 하는 것처럼 즐겁다.

참고로, 도쿄에서 살 때는 일에 치여 친구를 사귈 여유가 없었다. 그런데 생활과 밀착된 생업을 하나씩 늘려가는 사이에 어느덧 새로운 사람들을 사귀고 그들의 인정을 받게 되었다. 감사한 일이다.

기업의 의뢰를 받아 큰 프로젝트를 진행하는 일은 거의 없다. 그렇기에 '큰 건을 따냈다!'고 흥분하는 일은 없지만, 대신 늘 작은 즐거움이 있다. 삶의 깊은 맛이랄까.

이 책은 지난 5년간 생업을 만들면서 깨달은 것들을 정리한 것이자, 생업에 대해 함께 고민해보자는 제안이다.

지금은 사업의 대부분이 세계 단위의 경쟁에 노출되어 있다. 이처럼 숨 가쁜 시대에, 어떤 일과 삶의 방식이 대안이 될 수 있을까?

일이자 생활이자 놀이인 '생업'은 가혹한 경쟁에 휘말리지 않는다. 불과 60여 년 전만 해도 많은 사람이 그렇게 살았다. 그 방식이 고도 경제 성장기를 지나며 잊혔을 뿐이다. 직장인으로 사는 일이 당연하게 된 건 겨우 4, 50년에 지나지 않는다.

흔들림 없이, 경쟁 없이 살아가기 위한 전략. 그 하나는 바로 각자가 자기만의 '생업'을 갖는 것이다. 내가 만든 작은 일이 누군가에게 도움이 되고 사업이 된다. 그 얼마나 재미있는 일인가?

물론 아무 경험이 없는 상태에서 생업을 개발하려면 훈련이 필요할지 모른다. 하지만 내가 축적해온 노하우를 나눈다면, 누구든 더 수월하게 자신의 생업을 시작할 수 있을 것이다.

나는 나 자신을 대상으로 실험을 하고 있다. 그러니 이 책은 시행착오를 거듭하며 얻은 나의 연구 성과이자, 독자 여러분이 최소한의 고생만 하고도 자신의 생업을 찾을 수 있도록 돕는 현장 보고서다.

아직 실험 중이지만, 나는 생업이라는 방식이 숨 막히는 현대 사회의 분위기를 바꿔놓을 힘을 갖고 있다고 확신한다.

일도, 갖고 싶은 것도, 직접 만드는 게 가장 재미있다.

이토 히로시

생업 연습문제

(문제)

콘크리트 블록 담 때문에 집이 어두워 보입니다. 돈을 들이지 않고 이 담을 즐겁게 부술 방법이 있을까요?

(생업식 예시 답안)

콘크리트 블록 담 뒤쪽을 시트로 감싼 다음 해머로 마음껏 두들겨 부숩니다.

(생업식 해설)

콘크리트 블록 담 철거는 가장 통쾌했던 DIY 액션입니다. 집을 둘러싼 높은 콘크리트 담은 경관을 가릴뿐 아니라 전망도 해칩니다. 교토에 마련한 숙소 고킨엔은 건물 외관이 매우 풍치가 있는데, 이를 잘 드러내려면 약 2미터 높이의 콘크리트 담을 낮출 필요가 있었습니다. 집수리 하는 분들에게 요청하면 3만 엔 정도 듭니다. 그래서 직접 하기로 했습니다.

해보면 무척 즐겁습니다. 혼자 하기 아까워 소셜 미디어에서 '콘크리트 담을 부수고 싶은 사람'을 모집해서 열 명 정도가 모였습니다. 해체 당일에는 순서를 정해 작업했습니다.

독일 베를린 장벽이 무너질 때 많은 군중이 모여들었죠. 독일 통일의 역사적 현장에 가보고도 싶었겠지만 벽을 부수는 행위 자체가 즐거웠기 때문이 아닐까요?

결과도 중요하지만 과정의 즐거움을 다시 생각해볼 기회가 언젠가 오리라 생각합니다.

※ 담을 부순 뒤에 나오는 폐기물 처리에는 비용이 드니까 미리 지방자치단체에 확인해두세요.

(생업식 응용)

콘크리트 블록 담 부수기를 일거리로 삼는 세미프로 집단 '전국 콘크리트 블록 담 해머해체협회'를 조직합니다. 연 1회 전국 모임을 열어 콘크리트 담을 사람 손으로 부숩니다. 낡은 콘크리트 담은 지진에 쉽게 무너져 길을 막을 위험이 있습니다. 그래서 모임의 의의가 더 크다고 생각합니다.

제 1 장

생업이란 무엇인가

일과 삶이 하나 되는 작은 일의 철학

생업은 생활을 충실히 하면서 일을 만들어가는 방식이다. 먼저 수비를 단단히 한 뒤 공격에 나서는 것이 기본 전략이다.

무슨 이야기인지 하나씩 짚어보자. '수비'란 무엇보다도 불필요한 지출을 줄이는 것을 의미한다. 지출을 줄이는 동시에 생활이 더 풍요로워질 수 있는 방법을 고민한다. 혹시 뜻밖의 일이 생겼을 때, 한 달에 3만 엔 정도의 수입으로도 살아갈 수 있는 거주지를 정해두고, 그 근처에서 일할 수 있는 준비를 해나간다.

낭비를 줄이는 생활을 실천하다 보면, 규모가 큰 사업체들이 안고 있는 모순을 감지하는 감각이 생긴다. 그리고 그러한 모순이 대부분 '회사'라는 조직에서 '전업'으로 일하기 때문에 발생한다는 점을 깨닫는다.

그다음 '공격'은 본질적으로 알찬 내용을 가진 서비스를 제시해 나가는 것을 의미한다. 숲에 사는 사람의 생활을 떠올려보자. 숲 가까이에서 조용히 지내며 과일나무를 심거나, 산에 올라 땔감을 모으고, 버섯이 나는 곳을 파악하는 등 매일 무리하지 않게 일하면서도 쾌적한 주거 환경과 식량을 확보하는 삶을 만들어간다. 그러다 통나무집을 짓는 재미에 빠져도 좋다. 이렇게만 살아도 충분히 즐겁고 만족스럽지만, 가끔은 도시로 나가 산에서 얻은 것들을 팔아 돈을 벌기도 한다.

생업은 이처럼 자신의 삶을 즐겁게 만드는 데서 출발한다.

생업은 큰돈이 드는 준비 없이도 일상 속에서 일거리를 찾아내는 것이다. 그리고 그렇게 발견한 몇 가지 일을 조합하며 생활을 충실히 해나간다. 이른바 현대 자본주의 사회에서 펼치는 평화로운 게릴라 작전이라고 할 수 있다.

따라서 생업은 고객층을 분석하고 투자를 받아 시작하는 거창한 사업이 아니며, 남의 돈을 빌려 투자를 하듯 특별한 노하우 없이 쉽게 돈을 버는 것도 아니다. 일 년에 한두 번 하는 생업으로 30만 엔을 벌거나, 매달 3만 엔이나 5만 엔 정도 버는 생업을 몇 개씩 병행하면서 살아가는 소박한 방식이다.

벌이의 단위가 작기 때문에 회사를 다니면서 생업의 가짓수를 조금씩 늘려가는 것도 하나의 방법이다. 여름에는 땀 흘려 부지런히 일하고, 겨울에는 조용히 봄을 준비하는 방식도 가능하다. 각자의 형편에 맞추어 조절하면 된다.

세상에는 건강과 시간을 돈과 바꾸는 일이 무수히 많지만, '특별한 재능이 없어도, 일용할 양식을 마련하며 동시에 삶을 충실하게 만드는 일=생업' 역시 생각보다 많이 존재한다는 점을 먼저 전하고 싶다.

'일본 제조업은 이제 끝났다', '잘나가는 업계로 이직하지 않으면 안 된다'라고 생각하며 기존의 일에 대한 관점을 좇으며 불안해하지 않아도 된다. 생업의 관점에서 보면 작은 일은 실제로 많이 존재하며, 게다가 스스로 만들어낼 수도 있다. 지금까지 그저 '도무지 돈이 안 된다'고 무시되어왔을 뿐이다. 하지만 일의 규모가 작기 때문에 불필요하게 외부 투자를 받을 필요가 없으며, 개인의 시간과 노력을 들여 천천히 키워나갈 수 있다는 점도 생업의 장점이다.

나는 연 2회 '몽골 진짜배기 생활체험 캠프'라는 생업을 하고 있다. 이 캠프는 정해진 코스나 일정 없이 유목민 문화를 실제로 보고 체험하는 워크숍으로 현지에서 모이기도 한다.

요즘 여행 업계는 경쟁이 매우 치열하다. 그래서 여행객을 많이 모아 그들을 얼마나 효율적으로 이곳저곳 데려다 주느냐가 관건이다. 가격 경쟁은 더욱 심해지고, 여행의 목적이나 내용 같은 것은 고민할 여유조차 없다. 가능한 한 효율성을 높이기 위해 뻔한 관광 코스를 짜고, 호텔이나 기념품 가게에서 받는 수수료를 고려하여 가격을 낮게 책정한다. 이런 틀 안에서는 흥미로운 체험이 가능한 여행 상품을 만들기가 어렵다. 생업은 바로 그런 지점을 파고든다.

내가 좋아하고 인연이 있는 곳을 몇 번씩 방문해보며, 무엇이 재미있는지를 알아보고, 그것을 참가자들도 경험할 수 있게 기획하는 것이다.

내가 즐거워하고 사람들이 좋아할 만한 일은 분명 많이 있다. 미리 일정을 짜두면 마음은 놓이겠지만, 굳이 그렇게 하지 않는다. 재미있는 활동을 다양하게 준비해두고, 현지 분위기를 보면서 마치 카드를 꺼내듯 하고 싶은 일을 함께 정하는 식이다. 참가자들이 피곤해한다면 '기분 좋은 낮잠'이라는 카드를 꺼낼 수도 있다.

제1장 생업이란 무엇인가

이처럼 아주 작은 규모의 여행 상품은 횟수를 늘릴 수도 없고, 기존 여행사 입장에서 보면 매출에도 별 도움이 되지 않는다. 하지만 생업이라면 가능하다.

게다가 재미있다. 혼자 떠나는 여행 같은 홀가분함과 여럿이서 함께 즐기는 기쁨을 현장에서 공유하는, 좀처럼 누리기 힘든 경험을 만들어낼 수 있기 때문이다. 그리고 무엇보다 현지에 아는 사람이 있어야 가능한 일이기도 하다.

단, 아무리 재미있다고 해도 전업으로 하지는 않는다.

무엇이든 한 가지 일을 해서 먹고살아야만 비로소 한 사람 몫을 한다는 현대 사회의 상식에 갇히면 그 일은 더 이상 재미있을 수 없다. 아무리 좋아도 매달 한 번씩 몽골에 '일 때문에' 가야 한다면 지치지 않을까?

생업은 생활과 밀접하게 연결되어 있기 때문에, 생활비를 크게 줄일 수 있다는 장점이 있다. 생활의 기본이라 할 수 있는 '집'을 예로 들어보자. 집은 누구에게나 필요하지만 오늘날 평균 주택 가격이 3000만 엔을 넘는다. 도쿄 도심에서 혼자 방 한 칸을 빌리면 한 달에 약 8만 엔이 든다. 이 비용은 직장을 잃었다고 해도 줄일 수 없는 고정비다. 어쩌다 반년 이상 일을 못 하게 되면 48만 엔이 그대로 사라진다. 1년을 쉰다면 임대료만 96만 엔에 달한다.

조금 여유 있게 미래를 생각하며 1년 이상 쉬고 싶다면, 적어도 100만 엔 이상의 저축이 있어야 가능하다. 이렇다 보니 마음먹은 대로 행동하기가 쉽지 않다. 생업으로 살아가고 싫어도 이런 지출은 무시할 수 없는 현실이다.

집이 원래 이렇게 비쌌던 것은 아니다. 지금은 집 짓는 일이 전문가의 영역이 되어 아마추어가 쉽게 손댈 수 없어 보이지만, 예전에는 누구나 자신의 힘으로 집을 지었다.

역사가 아미노 요시히코(網野善彦)의 연구에 따르면, 중세 일본에서는 농민들이 집 짓는 노역에 참여했다는 기록이 있다고 한다. 즉, 일반 백성들도 집 짓는 기술이 있었다는 뜻이다. 자력으로 생활을 꾸려가는 기술은 특별한 재능이 아니라 사람들 대부분이 지닌 능력이다.

3000만 엔이 넘는 집을 자기 힘으로 지을 수 있느냐 없느냐는 굉장히 큰 차이를 만든다. 꼭 집을 새로 짓지 않더라도, 낡은 마루를 깔끔한 원목으로 바꿔 깔 수만 있어도 생활이 크게 달라진다. 집과 관련된 생업을 만들 수 있다면 적은 비용으로 거주지를 마련할 수 있고, 그것만으로도 큰 힘이 된다.

생업식 사고의 핵심 중 하나는, 외부 환경에 휘둘려 '돈을 벌지 않으면 안 된다'는 전제에 매달리기보다는, 스스로 살아갈 수 있는 기술을 익히고, 그것을 자신이 해나갈 수 있는 작은 일로 만드는 것이다. 이것이 더 믿을 만한 방법이다.

덧붙이자면, 스스로 집을 짓거나 수리하는 문화는 세계적으로도 드물지 않다. 내가 확인한 것만 해도 몽골, 덴마크, 인도네시아, 그리고 오키나와의 일부 지역에서는 1층짜리 집 정도는 직접 짓는 경우가 흔했다.

이런 이야기를 들어도 여전히 많은 사람들이 이렇게 생각할 수 있다. "집은 그렇게 쉽게 지을 수 있는 게 아니잖아.

회사에 다니지 않는 사람이 할 수 있는 일이라 봐야, 벤처기업을 창업하든가, 관련 자격증을 따는 정도 아닐까?" 하지만 '백 가지 일을 한다'는 뜻의 '백성(百姓: 일본어로는 농민을 가리킨다—옮긴이)'이라는 말이 있듯, 원래 일본 사람 대부분은 한 가지 일만 하지 않고 여러 가지 일을 하며 살아왔다.

마을 사람들은 농사를 짓는 한편, 축벽을 쌓는 사람, 염색업자, 목수, 도공, 대장장이 등 각자의 본업을 갖고 있었고, 봄에는 꿀을 채취하고, 겨울에는 볏짚으로 물건을 만들거나, 술을 만들기 위해 양조장에 나가는 등 한 사람이 여러 가지 일을 갖는 것이 당연했다. 호류지(法隆寺: 7세기에 지어진 일본에서 가장 오래된 목조 건축물—옮긴이)를 재건한 것으로 유명한 니시오카 쓰네카즈(西岡常一) 역시, 궁궐이나 절을 수리하는 목수였지만 일이 없을 때는 농사를 지으며 살았다고 한다.

'나는 능력이 없어서 한 가지 일밖에 못 한다'는 말을 하는 사람들을 종종 본다. 하지만 그것은 능력의 문제가 아니라 익숙해졌느냐 그렇지 않느냐의 문제다. 옛날 사람들의 삶을 보면, 한 가지 일만 하며 살아가는 사람은 오히려 드물었다.

일본의 노동 방식과 생활 방식은 원래 여러 가지 일을 조합하면서 영위되는 것이 일반적이었다. 그런 방식이 사라진 것은 불과 50여 년 전, 1954년에 시작된 고도 경제 성장기부터였다. 작은 생업을 이어가기보다는 모두가 대규모 비즈니스에 뛰어들면서, 일본 전체가 자동차, 전기 같은 제조업에 총력을 쏟는 '주식회사 일본' 체제를 만들었다.

내가 태어난 1979년 무렵에는 사람들 대부분이 회사에 다니고 있었으니, 고작 30년 만에 기존의 노동과 생활 방식이 급속도로 바뀐 셈이다.

한때 '반도체 산업'도 일본을 대표하는 업종 가운데 하나였다. 하지만 지금은 반도체 제조업체도 파산하는 일이 드물지 않다. 다양한 작은 생업을 포기하고, 일부 거대한 산업에 집중한 결과, 시대의 변화를 따라잡지 못하게 된 것이다. 업종의 수는 적은데 그 업종에 얽힌 사람이 너무 많다 보니, 변화에 대응하기가 어려웠던 탓도 있다.

앞서 언급했듯, 다이쇼 시대의 조사에 따르면 당시 존재하던 직업은 약 3만 5000종이었다. 반면 오늘날의 「일본표준직업분류」를 보면 고작 2167종만 남아 있다. 이 사실만 봐도 얼마나 다양한 직업이 사라지고 축소되었는지 알 수 있다.

물론 이러한 변화가 성과를 낳은 부분도 분명 있다. 하지만 다양성이 갑작스럽게 사라지면, 그만큼 모순도 커지기 마련이다.

오늘날 일본 사회에는 과로사, 비정규직 해고, 니트 문제 등 노동과 생활 방식의 모순이 곳곳에서 드러나고 있다. '일하는 법'에 관한 책들이 쏟아지고, 화려한 직업을 다루는 텔레비전 프로그램들이 인기를 끄는 것도 이런 상황과 무관하지 않다. 이는 곧, 기존의 노동과 생활 방식이 한계에 도달했음을 보여주는 징후가 아닐까? 그런 한계는 직업의 다양성이 줄어들면서 생긴 문제 중 하나라고도 볼 수 있다.

자연 생태계를 보면, 다양한 생물종이 존재해야 변화에

유연하게 대응할 수 있는 안정된 시스템이 만들어진다. 단일한 종만 존재하는 환경에서는 전염병 같은 위기가 닥치면 순식간에 무너질 수 있다.

조류 인플루엔자나 구제역도 그런 예다. 일도 마찬가지다. 직업의 다양성이 급격히 줄어든 결과, 사회 전체가 불안정해진 것이다. 경기가 과열된 시기에는 그런 모순조차 감춰질 만큼 다들 풍요로웠다. 하지만 지금처럼 평상시로 돌아오자, 감춰졌던 문제들이 점점 수면 위로 드러나고 있다.

역사적으로 보면, 대부분의 사람이 조직에 소속되어 한가지 일만 하며 살아가는 방식은 오히려 예외적인 현상이다. 전업주부 역시 '주식회사 일본'이 가능했던 고도 경제 성장기라는 특정한 시대에만 가능했던 사회적 존재다. 그에 비해 누구나 가사와 생산 활동을 함께했던 삶의 역사는 훨씬 길고 보편적이었다.

니트, 프리터 등을 문제시하는 분위기가 있지만, 그런 문제가 생기는 것은 젊은이들이 능력이 부족해서가 아니다. 오히려 급변한 사회에 잘 적응하는 사람이 운이 좋은 경우라고 봐야 하지 않을까?

'생업을 만든다'는 것은 이런 역사를 되짚어 보며, 인간의 본성에 맞는 건강한 일을 새롭게 구축하려는 시도이기도 하다. 흥미로운 점은, 최근 몇 년 사이 개인이 작은 사업을 시작할 수 있도록 돕는 기반이 웹서비스를 중심으로 차츰 마련되고 있다는 것이다. '에어비앤비(Airbnb)'처럼 자기 집이나 별장을 임대할 수 있게 해주는 플랫폼이나 '엣시(Etsy)'처럼 손으로 만든 물건을 전 세계에 판매할 수 있는 사이트들이 그 예다. 개인이 적은 자본으로 자신의 생업을 만들어갈 수 있는 구조가 자리 잡아가고 있다.

아직 잘 알려지지 않았을 뿐, 실제로 이미 생업을 실천하는 사람들도 있다. 예컨대 어떤 이는 혼자 시골 마을에 들어가 자신이 할 수 있는 일의 목록을 일러스트와 함께 전단지로 만들어 돌렸다. 그렇게 해서 최소한의 수입을 확보하고, 일의 종류를 하나둘 늘려갔다. 또 다른 사람은 디자이너로 일하면서 일러스트도 그리고, 일주일에 하루는 바에서 일하는 등 다양한 기술을 조합해 주변에 필요한 일을 제공하며 도시에서 살아간다.

이들은 생업의 개척자라 할 만하다. 물론 각자의 방식과 기술은 있겠지만, 천부적인 재능이 있어서 가능한 것은 아니다. 언론에 잘 소개되지도 않고 널리 알려져 있지도 않지만, 의외로 이런 사람들이 많다. 즉, 불황이다 뭐다 하며 사회가 술렁이는 동안에도 기존의 비즈니스와는 전혀 다른 '생업의 세계'는 조용히 펼쳐지고 있었던 것이다.

물론 지금도 회사에 다니기만 하면 생활이 보장되고, 연봉 500만 엔 이상을 벌 수 있는 시대다. 그러니 아무리 재미있고 매력적이고 건강을 지키는 일이라 해도, 한 달에 수만 엔밖에 벌지 못한다면 관심이 가지 않을 수도 있다.

그런데 이 말은 아직 아무도 개척하지 않은 광활한 영역이 남아 있다는 뜻이기도 하다. 비즈니스 세계에서는 세계화로 치열한 경쟁이 벌어지고 있지만, 생업을 만들기에는 지금이 오히려 좋은 기회일 수 있다.

　회사 조직에 적응하기 어려운 사람들에게 기업에 취직하기 위한 훈련만 시키는 것은 그다지 효과가 없다. 그보다 다양한 일을 조합해 자신만의 생활 방식을 설계할 수 있도록 돕는 환경을 마련해주는 것이 더 필요하다.

　백 년 전 존재했던 일을 다시 불러오는 것도 좋고, 지금껏 없었던 새로운 생업을 만드는 것도 가능하다. 다만 어떤 생업이든, 특별한 재능이나 많은 돈 없이도 시작할 수 있어야 하고, 하면 할수록 기술이 익고, 머리와 몸이 함께 단련되어야 한다.

　돈을 벌기 위해 스트레스를 받고, 그 스트레스를 풀기 위해 다시 돈을 쓰는 삶은, 아무리 생각해도 이상하지 않은가?

일은 본래 자기가 만드는 것이었다

'새로운 가치를 제공하지 못한다면 창업의 의미가 없다'는 식의 이야기를 종종 듣는다. 이런 이야기는 창업 열기에 찬물을 끼얹는다. 창업에는 어떤 높은 기준이 있다는 인식을 심어주어, 큰 부담을 느끼게 만든다.

일의 기원을 생각해보자. 각자가 해야 한다면 귀찮지만 누군가 해주니 다행이다 싶은 일들이 있다. '일'은 그런 것들을 기꺼이 맡을 마음이 있는 사람이 담당해온 것이다. 예를 들어, 매일 각자 두부를 만들어야 한다면 큰일이다. 누군가 자청해서 두부를 만들자 그것이 일이 된 셈이다.

일은 누군가에게 도움이 되고, 또 즐겁게 할 수 있기 때문에 일이 된다. 이는 회사원이든 자영업자든 프리랜서든 마찬가지다. 회사는 조직 전체의 의사와 책임을 바탕으로 사회에 도움이 되는 가치를 제공한다. 책임이 조직에 있는지, 개인에게 있는지만 다를 뿐이다.

이미 많은 사람이 어떤 가치를 생산하며 살아가고 있다. 일하면서 겪는 시행착오를 바탕으로 일을 바꾸어간다면, 자연스럽게 새로운 가치가 생겨날 것이다.

투자를 받아 도전하는 이들도 있고, 적은 밑천으로 위험 부담을 줄인 상태에서 자신의 수고를 들여 시작하는 생업도 있다. 창업에는 다양한 방식이 있다.

창업 시기는 자신의 의욕과 상황을 점검하면서 결정하면 된다. 주식회사를 만드는 것만이 창업은 아니다. 무언가 스스로 일을 만들면, 그것이 이미 창업이라 할 수 있다. 뻥튀기를 팔아 돈을 버는 것도 엄연한 창업이다. 반드시 큰 준비를 하고 인생을 거는 방식의 창업만 있는 것이 아니다.

그런데도 지방에서는 기업을 유치해 고용을 창출하는 방식에 지나치게 의존하는 경우가 많다. 설령 유치에 성공하더라도, 그 기업이 다른 지역으로 이전하거나 실적이 나빠져 규모가 축소되면 결국 쇠퇴하는 경우도 드물지 않다.

고용에만 의지하면 예기치 못한 상황이 닥쳤을 때 자신의 삶의 기반이 위태로워질 수 있다. 더불어 스스로 일을 자급하는 능력이 떨어지는 단점도 있다.

현대 사회를 들여다보면, 생업이 될 만한 거리는 무궁무진하다. 세상이 온통 모순으로 가득 차 있기 때문이다. 모순이 있는 한, 그것을 해결하려는 시도가 곧 일이 된다.

모순의 종류도 점점 늘고 있다. 겉으로 보기엔 별문제 없어 보이는 사업이나 서비스도, 실제로는 과도한 노동 강도로 건강을 해치거나, 인간의 한계를 넘는 실적을 요구받는 경우가 많다. 가령, 예전에는 주점 체인들이 저렴한 가격에 질 낮은 음식을 내놓는 경우가 많았지만, 요즘은 꽤 괜찮은 식재료를 쓰고 맛도 무난하면서 가격도 합리적인 곳이 많다. 손님 입장에서는 모든 것이 나아진 듯 보이지만, 실제로는 인간의 한계를 시험하는 노동환경에서 일하는 사람들이 있는 것이다. 이 사실이 간과되기 쉽다.

앞으로는 단순히 뛰어난 서비스를 창출하는 데만 집중하지 말고, 그 서비스를 제공하는 이들이 건강하게 일할 수 있는 시스템을 고민하는 것이 중요하다.

사람을 지나치게 혹사하는 기업과 전투적이지 못한 사람이 같은 업종에서 경쟁하면, 지는 쪽은 당연히 후자다. 따라서 스스로 버틸 수 있는 방식을 찾아야 하며, 힘들게 고생하지 않고도 지속 가능한 환경을 만드는 것이 중요하다. 그 한 가지 방법은, 서비스를 받는 사람이 약간의 힘을 보태는 것이다. 이것만으로도 일하기 좋은 환경을 만들 여지가 눈에 띄게 커진다.

앞서 이야기한 '몽골 진짜배기 생활체험 캠프'도, 돈만 낸다고 누구나 참여할 수 있는 것이 아니다. '진짜 몽골 생활'에 잘 어울릴 만한 사람만을 모집한다는 조건이 붙는다. 그런 참가자를 대상으로 했기에, 불특정 다수를 대상으로 한 여행에서는 시도하기 어려운 알찬 프로그램을 기획할 수 있었다.

예기치 못한 상황을 즐길 줄 아는 여행의 본래 매력을 살리기 위해서도 참가자의 협력은 필수다. 이 캠프에서는 참가자의 개성과 특기를 살려, 예를 들어 게르(몽골의 이동식 주거) 안에서 차를 마시는 모임을 열기도 하는 등 매번 다른 방식의 여행을 만들어간다.

큰 수익이 나는 일은 아닐지라도 시도해볼 만한 일들은 얼마든지 존재한다. 예식장을 운영하는 기업도 마찬가지다. 임대료가 비싼 식장의 회전율을 높이기 위해선, 실수 없이 예식을 진행하는 것이 중요하다. 그래서 고객 불만이 생기지 않도록 빈틈없는 서비스 체제를 갖추지만, 그럴수록 예식은 형식적으로 흘러가기 쉽다. 이는 사업 규모를 확대하기 위한 불가피한 선택이기도 하다. 기업은 직원을 고용해 월급을 주어야 하고, 사무실 임대료도 내야 하며, 주주에게 배당도 해야 하기 때문이다.

하지만 생업의 하나로서 1년에 두세 번만 예식 관련 일을 한다면 어떨까? 결혼식 시간도 여유롭게 구성할 수 있고, 신랑 신부 측이 약간의 위험 부담을 감수하는 조건만 받아들인다면 결혼식의 내용에도 훨씬 정성을 쏟을 수 있다. 전문 사회자를 부르지 않고 신랑 신부의 친구나 지인 중 재미있게 사회를 볼 수 있는 사람에게 맡긴다면 예식의 의미가 훨씬 깊어질 수 있다. 물론 사회자가 아마추어이니 어느 정도 실수는 감수해야겠지만, 오히려 가까운 사람이 결혼을 축하한다는 본래의 취지에는 이쪽이 더 가까울 것이다.

이런 예는 얼마든지 있다. 그러니 하나하나 변형해가며 새로운 생업을 만들 수 있다. 생업을 만든다는 것은, 또 다른 문화를 만들어간다는 뜻이기도 하다.

전문가가 아니어도 괜찮다

일은 사람이 하기도 하지만, 요즘에는 기계가 도맡는 경우도 많다. 생업은 그런 기계가 할 수 있는 일에는 손대지 않는다.

유행하는 일도 하지 않는다. 경쟁이 극심한 일도 거의 하지 않는다. 하지만 경쟁이 치열하기 때문에 부조리가 생기는 경우도 많다. 그런 부조리를 찾아내고, 그것이 없는 생업을 만들어 공격 지점으로 삼는 것. 이것도 생업의 기본 방식 가운데 하나다.

어차피 전업으로 하는 일이 아니기 때문에 무리하게 큰 규모로 벌일 필요도 없다. 부조리가 생기지 않는 규모와 속도로 일을 제공하는 것. 이것이야말로 생업을 만드는 데 중요한 요소다.

빵가게를 예로 들어 일이란 무엇인지 생각해보자. 빵 굽기는 장인만 할 수 있는 일 같지만, 사실은 밥 짓는 일처럼 사람의 삶에 필요한 기초적인 기술이다.

집 짓기도 마찬가지다. 집을 짓지 못하면 살아갈 수 없었으므로 집 짓는 기술 또한 원래는 누구나 갖추어야 할 능력이었을 것이다. 이런 기술은 조금만 시간을 들이면 누구든 익힐 수 있다.

물론 오랜 훈련을 거친 전문가만이 익힐 수 있는 기술도 있다. 옻칠한 조개껍데기 바탕에 금이나 은가루를 뿌려 그림을 그리는 마키에(蒔絵) 같은 기술은 장기간의 훈련을 통해서만 익힐 수 있는 특수한 능력이다.

오늘날 손으로 하는 일들은 삶에서 점점 멀어지고, 분업화도 지나치게 이루어졌다. 매스미디어에서 이런 기술을 다룰 때는 늘 명인이 등장한다. 그다지 어렵지 않은 기술임에도, 꼭 "30년 외길" 같은 표현을 덧붙인다. 방송은 시청자의 놀라움을 유도해야 하니 어쩔 수 없겠지만, 요즘은 빵 굽기든 마키에든 장인만 할 수 있는 일처럼 여겨진다. 막상 해보면 제법 할 수 있고 하다 보면 점점 기술이 드는데도 나와는 상관없는 세계처럼 생각한다. 현대 사회의 은근한 덫 중 하나다.

그래서인지 사람들 대부분이 몇 가지 요령만 익히고 훈련하면 충분히 해낼 수 있는 일조차 '나와 안 맞아'라며 지레 포기해버리는 일이 많다. 이런 사고방식은 생업을 처음 시작할 때 가장 먼저 버려야 한다.

일의 난이도와 성격을 자기 나름의 눈으로 판단하며 보는 감각의 해상도를 높여갈 필요가 있다. 요령을 익히고 훈련을 거치면, 대부분의 일을 해낼 수 있다. 이 점을 꼭 기억해두자. 전문가라는 기득권자 앞에서 기죽을 필요는 없다.

일본의 집 짓기 기술은 지금 심각한 문제를 안고 있다. 무슨 이유에선지 건설 분야가 거대한 산업이 되었고, 그 결과 집을 짓는 데 많은 비용이 들며, 아마추어는 엄두조차 내기 어려운 일이 되어버렸다. 하지만 앞서 말했듯, 해외에는 자기 집을 직접 짓는 것이 일반적인 지역도 많다. 몽골, 덴마크, 인도네시아, 오키나와의 일부 지역에서는, 면적으로 따지면 자가 건축을 하는 사람이 더 많을지도 모른다.

누구나 자신의 거처를 스스로 만들 수 있다. 이건 몇 번이고 강조하고 싶은 중요한 사실이다.

생업은 그렇게 어렵지 않다. 왜냐하면 자신의 생활을 충실히 하는 데서 출발하며, 사람이라면 누구나 할 수 있는 기초적인 기술이 그 대상이기 때문이다.

나의 생업 가운데 하나로, 나무로 지은 학교 건물에서 결혼식을 기획·운영하는 '목조 교사(校舍) 웨딩'이 있다. 결혼식이나 피로연은 원래 마을 사람들이 힘을 합쳐 넓은 장소를 빌려 함께 준비하던 잔치였다. 그러니 누구나 준비할 수 있었다.

요즘 결혼식은 '이래야 한다'는 고정관념 때문에 식장을 예약하고 전문가의 손을 빌려야만 가능한 일처럼 여겨진다. 물론 전문가가 맡아 즐거운 결혼식을 만든다면 괜찮다. 하지만 그렇지 않은 경우도 많다. 그 이유는 3장에서 다시 이야기하겠다.

정면승부는 피하는 '그럭저럭 작전'

지금까지는 개인 차원에서 세계를 바라보았지만, 국제적 차원에서는 세계화가 빠르게 진행되고 있다.

번역을 예로 들면, 결과물이 만족스럽기만 하다면 번역을 의뢰하는 쪽에서는 번역자가 인도 사람이든 일본 사람이든 상관하지 않는다. 이렇듯 몇몇 분야에서는 갑자기 '세계대회'에 나서야 하는 상황이 벌어지고 있다.

국내 시장은 점점 축소되고 있다. 영어 실력을 갖추어 세계로 진출해야 한다는 목소리가 요란하다. 하지만 그런 동기에서 어학 공부를 시작해도 효과를 보기가 쉽지 않을지 모른다. 차라리 흥미로운 일을 하는 사람과 대화하고 싶다는 소박한 동기에서 출발하는 편이 영어 실력을 쌓는 데 훨씬 도움이 되지 않을까?

여기서도 출발점을 생업적으로 생각해보자. 아무리 영어를 익혔다 해도, 전투적이지 않은 사람은 전투적인 사람을 이길 수 없다. 비전투적인 사람이라면, 정면승부를 피하면서도 그럭저럭 돈을 벌고 건강하게 살 수 있는 구체적인 작전을 고민할 필요가 있다.

'일과 삶의 조화(work-life balance)'라는 말은 역설적으로 앞으로 경쟁이 더욱 치열해질 것이며, 결국 일은 건강과 인생을 희생하면서라도 해야 한다는 사회 분위기를 반영하고 있는 게 아닐까? 하지만 일과 삶을 분리하고, 일을 인생 속에서 감당해야 할 짐으로 여기는 사고방식이 과연 바람직한가?

나 역시 회사에 다닐 때 일은 일대로, 생활은 생활대로 각각 전혀 다른 세계처럼 여겨 인생 전체를 하나로 바라보기가 어려웠다. 일과 삶이 분리되어 있었던 탓인지, 그 시절에 대한 기억이 거의 없다.

물론 회사에서의 경험이 큰 도움이 되었던 것도 사실이다. 하지만 '기억이 없다'는 것은, 결국 그 시기에 빈약한 삶을 살고 있었다는 뜻이기도 하다.

살기 위해 삶을 빈약하게 만들 필요는 없다. 그보다 더 나은 방법을 궁리해보자. 여러 방법 중 하나가 바로 생업이다.

프리랜서도 자유롭지 않다

나는 예전에 자유기고가로 일한 적이 있다. 자유기고가라고 하면 잘 모르는 사람도 있을 텐데, 잡지나 웹사이트에 실릴 기사를 의뢰받아 취재하거나 글을 써서 원고료를 받는 직업이다. 당연하게도 의뢰인이 없으면 일을 할 수 없다.

한때 폭발적으로 늘어났던 잡지 수가 줄어들면서 생계를 이어가기 어려워진 자유기고가들도 많다고 한다. 나 역시 그 일로 먹고살 수 없었다(사실 부모님이 보내준 쌀 덕분에 먹는 것만큼은 걱정하지 않아도 됐지만). 특히 요즘에는 웹사이트에 기사를 쓰는 일이 많아지면서 원고료가 매우 낮아지고 있다.

원고료로 겨우 몇천 엔을 받았을 때, '이 일만으로는 도저히 생계를 유지할 수 없겠다'는 암울한 기분이 들었던 기억이 있다. 자유기고가의 현실은 역시 냉혹한가 싶다가도, 그리 뛰어나지 않은 글이 버젓이 잡지 기사로 실리는 경우를 보면 또 고개가 갸웃해지기도 한다.

생활을 유지할 만큼의 원고료를 주는 매체와 꾸준히 일하려면, 부지런히 인맥을 쌓아 계속해서 일을 받을 수 있도록 준비해야 한다. 하지만 나는 워낙 소극적인 데다 낯가림도 심해, 그런 방식은 도무지 체질에 맞지 않았다.

특히 쇠퇴 곡선을 그리며 하강하고 있는 업계에서는 이미 자리를 잡은 사람들이 현상을 유지하기 위해 단가가 떨어진 만큼 더 많은 일을 맡는다. 그 때문에 막 일을 시작한 사람들은 자리를 잡기가 무척 힘들다. 물론, 일을 많이 맡은 사람들 역시 잠 못 자고 일하느라 고생하는 건 마찬가지일 것이다.

어떻게든 상황에 맞서 싸워 일을 쟁취할 의욕이 있었더라면 좋았겠지만, 유감스럽게도 나는 그 지점에서 좌절하고 말았다. 치열한 경쟁에서 살아남는 건 대개 상당히 전투적인 사람들이다. 나에게는 무리였다(띠도 양띠다).

게다가 나는 포기가 **빠른** 편이라, '아르바이트를 하면서 자유기고가로 이름을 알릴 때까지 버텨보자'는 식의 각오도 생기지 않았다. 아르바이트를 하면서 꿈을 좇는 작전은, 전투적인 사람이 아니고서는 추천하기 어렵다.

대부분의 꿈은 경쟁이 극심하기 때문에 '꿈'으로 남아 있는 것이다. 아르바이트에 시간과 기력을 빼앗긴 채 치열한 경쟁에 임한다면, 이미 업계에서 자리 잡은 사람들을 이기기가 더욱 힘들다. 그런 면에서 보면 세상은 실로 냉정하다.

설령 경쟁에서 이겼다 하더라도 프리랜서는 대부분 고객의 의뢰를 받아 일을 하고 돈을 받는다. 일을 끝내고 돈을 받으면 그걸로 끝인 것이다. 매번 독창성을 요구받는 쉽지 않은 일임에도, 받는 금액은 언제나 비슷하다.

이런 일을 계속하려면 전투적인 성격과 상당한 체력을 갖추었거나, 적은 급여를 받고도 밤낮없이 일해줄 스태프를 고용할 수 있는 카리스마가 필요하다(건축·디자인 업계에서 흔한 구조다).

제1장 생업이란 무엇인가

그런 카리스마가 없다면, 기력이 금세 소진되고 만다. 그래서 대개 30대 후반쯤이 되면 체력과 정신력의 한계에 부딪힌다.

생업 게릴라 작전은 그런 세계와 맞지 않는, 비전투적인 사람들에게 더 적합하다. 나는 글 쓰는 능력을 고객을 위해서가 아니라 내 생업을 위해 쓰기로 했다. 그렇게 하면서 일이 전혀 다른 차원으로 바뀌었다.

상식을 뒤집어보라

사람의 손으로 할 수 있는 차원의 생업을 축으로 삼아 생활방식을 설계하는 데에는 특별한 재능이 필요하지 않다. 시골 생활을 주제로 한 세미나에 가보면, 지방자치단체 공무원이나 귀농지원 단체 관계자들이 종종 겁을 주는 말을 하곤 한다.

"시골에는 사람을 고용할 만한 일이 많지 않다."

"시골에서는 사람을 사귀기가 쉽지 않다."

"매달 생활비로 20만 엔 정도는 드니까, 최소한 300만 엔 정도는 저금이 있어야 한다."

하지만 실제로 귀촌해서 아이를 기르며 살아가는 사람들의 이야기는 이것과 꽤 다르다.

"친절한 사람은 정말 친절하다."

"방법만 잘 찾으면 한 달 3만 엔 정도로도 생활이 가능하다."

"정기적인 고용은 드물지만, 일해달라는 요청은 끊이지 않는다."

"과외교사를 할 수 있는 젊은이는 정말 귀하다."

"채소와 쌀 정도는 자급하는 것이 어렵지 않다."

"생활비가 적게 드니, 오히려 여유 있게 사업에 몰두할 수 있다."

조직에 속하는 것을 '사회인'의 조건으로 여기고, 일을 반드시 전업으로 해야 한다는 고정관념을 가진 채 시골 생활을 시작하면, 천만 엔 단위의 돈을 빌려 재배 시스템을 갖추고 몇 년에 걸쳐 빚을 갚아나가는 식으로 많은 수고를 감내해야 할지도 모른다.

한발 물러서서 상황을 살펴보면, 그런 노력이 자신에게 정말 필요한지, 혹은 불필요한지 판단할 수 있다. 이 판단에 따라 앞으로의 수고가 완전히 달라진다.

생업이라는 관점에서 추천하고 싶은 방식은, 우선 돈을 빌리지 않고 자급 가능한 정도의 채소와 곡물을 직접 기르고, 남는 것이 있으면 파는 전략이다. 그리 어렵지 않은 방법이며, 다양한 채소를 기르는 법을 관찰할 수 있어 재미도 있다.

물론 같은 작물을 대량으로 재배하는 데 힘을 쏟는 것도 하나의 방법이긴 하다. 하지만 그렇게 하려면 일정한 재능과 자금이 필요하다. 만약 부모 세대 때 이미 갖추어진 설비가 있다면 도전해볼 만하겠지만, 그렇지 않다면 신중히 접근할 필요가 있다.

지금 당장 이런저런 '노력'을 시작하기보다 사회 구조와 상황을 꿰뚫어보는 통찰력을 갖추는 것이 더 중요하다. 그런 통찰은 대단한 전문성이나 특별한 재능보다 더 실질적인 역할을 한다.

농사만 놓고 보더라도, "농사는 어렵고 고된 일이다"라는 일반적인 상식을 하나씩 뜯어보면, "자급 수준이라면 그리 어렵지 않다", "방법만 잘 찾으면 전업으로도 할 수 있다",

"농협에 출하하는 방식으로는 수익을 내기 어렵다"처럼 다양한 상황이 보이기 시작한다. 자신이 어떤 방향을 목표로 삼을지를 결정하면, 해야 할 일의 내용이 크게 달라질 것이다.

    자금을 조달해 규모를 키우는 것도 좋고, 우선 자급 수준에서 출발하여 필요에 따라 직접 유통하는 방식으로 전환해도 된다. 판단은 각자의 몫이다.

미국 서부 해안 지역에는 CSA(Community Supported Agriculture)라는 방식이 있다고 한다. 예약을 통해 미리 돈을 받고 채소를 판매하는 방식다. "농사는 내 사업이다"라는 생각에서 벗어나, "시민을 위한 농원 관리자 역할을 한다"는 식으로 발상을 전환한 것이다. 시민에게 먹고 싶은 채소가 무엇인지 물어 예약을 받고, 씨앗 심기와 수확 등 손이 많이 가는 시기에 시민이 직접 참여하는 구조다.

    이렇듯 기존의 시스템에서 벗어나면, 수고의 양과 방향이 완전히 달라질 수도 있다.

지출을 줄이면 수입이 두 배가 되는 효과

생업은 몸으로 움직일 수 있는 범위 안에서만 돈을 벌 수 있다. 나는 약 1년 동안 창업인 양성소에 다닌 적이 있다. 그때 만난 스승인 후지무라 야스유키 씨는 『3만 엔 비즈니스, 적게 일하고 더 행복하기』라는 책에서 "한 달에 3만 엔을 버는 일을 열 개 만들자"고 말한다. 생업과도 가까운 발상이다. 이 방식대로라면 연간 360만 엔의 수입이 예상된다. 생업도 대체로 이 정도 수준의 수입을 목표로 삼을 수 있다.

단, 생업에 정해진 수입 목표가 있는 건 아니다. 보통 한 번에 벌 수 있는 금액이 1만 5000엔에서 50만 엔 정도인 일을 중심으로 삼아 여러 일을 조합하여 구성하면 된다. 매달 할 수 있는 일도 있고, 1년에 몇 번만 할 수 있는 일도 있다.

'겨우 연간 360만 엔으로 노후까지 괜찮을까?'라는 의문이 생길 수도 있다. 앞서 말했듯 생업의 출발점은 생활을 스스로, 혹은 개인적인 네트워크를 통해 꾸려가는 데 있다. 또 일하면서 생활의 자급도가 높아지는 것이 전제다. 수입이 늘어남과 동시에 지출이 줄어들기에 결과적으로는 수입이 두 배로 늘어나는 효과를 얻을 수 있다(물론 현금 수입이 두 배가 된다는 의미는 아니다).

속담에 "너구리 굴 보고 피물 돈 내어 쓴다"(아직 결과도 나오지 않은 일에 미리 이익을 계산해 돈부터 쓰는 것—옮긴이)는 말이 있지만, 간단히 계산해보면, 생업의 경우 현금으로 들어오는 연 360만 엔의 두 배, 즉 720만 엔 상당의 효과를 실현할 수 있다고 생각한다.

30평짜리 집을 구매한다면 약 2500만 엔이 필요하다. 하지만 자신이 집을 짓는다면, 총공사비 중 자재비에 해당하는 500만 엔 정도만 있으면 가능하므로 무려 2000만 엔을 '버는' 셈이 된다. 월급쟁이의 평균 연봉을 400만 엔으로 잡았을 때, 5년치 연봉에 해당하는 금액이다. 물론 비전문가가 지어 시간은 더 들겠지만, 집 짓는 데 5년이 걸리지는 않을 것이다. 다른 일을 전혀 하지 않고 넉넉하게 4년 동안 집을 짓는다 해도 1년이 남는다. 다른 생업을 하면서 중간중간 놀이 삼아 집을 완성해간다면, 2000만 엔은 온전히 자신이 벌어들인 수입으로 쳐도 좋을 것이다.

건축사가 후지모리 데라노부(藤森照信)의 말처럼, 건축은 아마추어도 참여할 수 있는 즐거운 일이므로 땀 흘리는 오락이 될 수 있다. 놀듯이 하면서 지출을 줄이고, 동시에 생활에 꼭 필요한 도구를 얻을 수 있으니, 이것처럼 막강한 생업이 어디 있겠나?

덧붙이자면 집을 지을 때는 혼자보다 둘이 함께하는 편이 훨씬 효율적이다. 1 더하기 1은 2가 아니라 3 혹은 4가 될 수도 있다. 둘 중 한 사람이 전혀 경험이 없다 해도 마찬가지다. 혼자서 하면 도구를 가지러 왔다 갔다 해야 하고, 목재를 자를 때도 움직이지 않도록 붙잡아줄 사람이 없기 때문에 시간이 더 든다.

    '사람은 혼자서는 살 수 없다'는 사실은, 생업을 통해 얻을 수 있는 중요한 교훈 중 하나다.

속도전에는 가담하지 않는다

과연 어떤 일이 생업이 될 수 있을까? 이것이 문제다. '생업이란 무엇인가'라는 질문에는 여러 가지 대답이 있을 수 있지만, 엄격한 정의는 없다.

생업은 브랜드로 대표되는 콘셉트 주도형 사업과는 다르다. 물론 손님이 서비스에 의존하지 않는다거나, 돈보다 일의 내용을 더 중시한다는 식의 대략적인 방향은 있다.

굳이 말하자면, 생업은 '유연한 콘셉트'다. 회사가 이런 콘셉트를 내세웠다면 '계획이 치밀하지 못하다'거나 '구체성이 부족하다'는 지적을 받았을지도 모른다. 하지만 경직된 콘셉트로는 극복할 수 없는 상황도 있다. 그럴 때는 유연하게 접근하는 것이 더 중요하다고 생각한다.

요즘 유행하는 '퍼스널 브랜딩'은 브랜딩(그게 정확히 무엇이든 간에)을 개인에게 적용하려는 시도다. 프로필 사진을 비롯해 자신의 이미지를 의도대로 만들어 하나의 브랜드처럼 널리 알리는 방식이다. 그런데 이 방법이 지나치면 인간이라는 복잡하고 변화무쌍한 존재를 단순한 캐릭터로 쪼그라들게 만든다. 결국 유통기한이 생긴다.

알기 쉬운 것은 금세 질리기 마련이다. 곧 시시해진다는 뜻이다. 사진가를 예로 들어보자. 자신의 스타일을 너무 일찍

확립한 사람이 계속 강한 원색 사진이나 콩트풍의 사진만 찍는 경우가 있다. 고정 팬층의 지지를 받아 경제적으로는 안정이 되겠지만 재미는 없다. 변화를 주지 못하면 결국 한계에 부딪힌다.

젊어서 성공하겠다는 데 초점을 맞춘다면, 그런 전략도 나름대로 유효할 수 있다. 하지만 인생 전체를 긴 호흡으로 바라본다면 언젠가 지칠지도 모른다. 젊을 때는 누구나 성공하고 싶다고 생각한다. 나 역시 예외는 아니었다.

생업은 콘셉트 중심의 서구적 발상과 정반대다. 콘셉트가 사업을 주도하는 것이 아니라, 다양한 개별 사례가 쌓여 생업이 어떤 것인지 떠올릴 수 있게 만든다. 경험을 체득하고 쌓아가는 가운데 생업적인 발상이 서서히 몸에 배는 것이다.

'생업의 10가지 원칙'(80쪽 이하 참고) 같은 내용을 따라 매일을 살다 보면 조금씩 감각이 생길 것이다. 시간을 들여 차근차근 해나가면 누구라도 생업적 감각을 몸에 익힐 수 있다. 이는 생활을 변화시키는 감각이기 때문에 천천히 단련해 나가는 수밖에 없다. 오늘날처럼 속도전이 일상화된 시대에는 이런 태도가 너무 태평하게 느껴질지도 모른다.

'사흘 만에 인생이 바뀌었다!'라며 감격해하는 자기계발 세미나를 진지하게 받아들여 실천하려고 하면 금세 지치고, 생활을 변화시킬 진짜 힘은 얻기 어렵다. 반면, 내가 진행하는 생업 만들기 워크숍은 공지 당일 접수가 마감되는 인기 강좌가 아니지만, 장기적인 관점에서 보면 이 방식이 맞는다고 생각한다.

해봤더니 안 되더라, 그러고 말면 될 일

생업적 감각이 무엇인가를 생각하면서 몸에 익히기 위한 훈련을 해보자. 일상생활에서 비슷한 경우가 없었는지 떠올리면서 읽어보자.

일반적으로는 그럭저럭 사람이 모이는 이벤트보다 '공지 즉시 접수가 마감되는' 것이 최고라고 여긴다. 생업에서는 이를 오히려 경계해야 한다. 이벤트 공지를 올렸을 때 금방 접수가 마감된다는 말은, 많은 참가자가 이미 강좌나 강사에 대해 대략 알고 있다는 의미다. 그냥 한 번, 충동적으로 신청해 봤을 가능성이 크다.

각본대로 진행되는 이런 종류의 이벤트와 달리, 현장을 공유하는 워크숍은 예상치 못한 사태들을 경험하기 위한 것이다. 그러므로 짜인 대로 진행되는 것은 생업의 차원에서 보자면 바람직하지 못하다.

공지를 올리자마자 접수가 마감된다는 것은 '우연히 수강 신청을 했다'는 사람이 적다는 의미다. 사전 지식이 있는 사람이 많이 참여하면 새로운 세계에서, 새로운 만남을 경험할 가능성이 낮아진다. 이것 역시 바람직하지 않다.

몇 번씩이나 수강하는 사람도 있을 것이다. 반복 수강하는 사람이 많으면 상업적으로 성공할지 모른다. 하지만 사람은 원래 자신의 경험을 통해서만 변화할 수 있다. 무언가를 몸에 익히기 위한 세미나나 강연에 반복 참여자가 많다는 것은 탈락자가 나올 가능성이 높다는 말이다. 귀농 생활 박람회 등에 몇 년씩 참여만 하는 사람도 있다. 그런 사람을 보면 기왕이면 빨리 시작하라고 등을 떠밀고 싶다(물론 실행하지 못하고 박람회만 반복해서 참여하는 데에는 여러 가지 사정이 있겠지만).

교육 관련 비즈니스에서도 교육자가 돈을 번다. 본래 이 사업에서는 배움이 결실을 맺는가가 더 중요하다. 물론 많은 자기계발 세미나가 이미 예능화되었기 때문에 돈을 주고 연예인의 라이브 쇼를 보러 간다고 생각하면 이해는 된다. 다만, 도시에서 열리는 이벤트나 세미나에 너무 많이 참여하다 보면 자기 머리로 생각하지 못하게 되므로, 주의를 기울이라고 하고 싶다.

교육 분야의 생업에서 돈을 버는 것은 최우선 사항이 아닌 2차 목적이다. 이 분야에서 돈벌이를 중시한다면 자기계발 세미나처럼 소셜 커뮤니케이션을 디자인하고, 퍼스널 브랜딩을 철저히 하여, 열성 팬을 늘리고, 공지를 띄우자마자 마감이 되는 세미나를 열면 된다(뜻 모를 영어만 잔뜩 늘어놓고 말았다).

생업에서 중요한 점은 자기 머리로 생각하는 힘을 기르는 것이다. 유행하는 영어 단어를 남발하기보다 일상에서 누구나 이해할 수 있는 말을 쓰는 것이 중요하다. 이것도 매일 연습이 필요하지만 뜻도 모르는 영어를 안 쓰기만 해도 생각하는 능력이 향상될 것이다.

차라리 이것을 생업으로 만들면 어떨까? 영어를 남발하면 벌칙을 주는 합숙을 기획해서 참가자를 받는 것이다. 이런 걸 돈 받고 해도 괜찮을지 미리 걱정할 필요는 없다. 기본적으로 신청자가 없다고 생각하는 편이 좋다. 하지만 이런 기획을 필요로 하는 사람이 있을지도 모른다.

이렇듯 사람들의 생활력을 기르는 데 도움이 되는 일을 생업으로 삼으면 된다. 사람이 모이지 않으면 얼른 그만두라. 해봤더니 안 되더라, 그러고 말면 된다.

오늘날은 정보가 너무 많아서 끝끝내 자기 일을 시작하지 못하는 경우가 많다. 우선은 경험 삼아 작은 규모의 생업이라도 시작하는 것이 중요하다. 경험이 부족하다면, 정보가 아무리 많아도 그것을 유용하게 활용하기는 힘들다.

생업의 출발점은 나 자신

생업은 전 인구를 대상으로 삼겠다는 마음으로 시작해서는 안 된다. "이런 게 왜 세상에 없지?" 하고 느낀 것에서 출발해, 그것이 생업이 되는 경우도 있다. 이처럼 생업은 나눔의 비즈니스이기도 하다.

앞서 언급한 '뜻 모를 영어를 말하면 벌칙을 주는 합숙'처럼, 어떤 일을 시도할지 말지는 비즈니스 관점이 아니라 개인적인 기준—내가 참여하고 싶은가, 정말 재미있다고 느끼는가, 세상에 도움이 된다고 믿는가—로 판단하면 된다. 이런 태도는 비즈니스 세계에서는 아마추어처럼 보일 수 있지만, 생업의 출발점은 어디까지나 나 자신이다. 내가 실감하고 있는 것을 어디까지, 어떤 방식으로 확장할 수 있을지가 생업의 규모를 결정한다. 그것이 월 1만 엔의 소득이 될 수도 있고, 8만 엔이 될 수도 있다.

회사에 다니는 경우에도 '실감'은 매우 중요하다. 오늘날의 기업은 대개 고객과 직접 접촉하는 영업 부서와, 그렇지 않은 생산·서비스 부서로 나뉜다. 고객과 만나지 않는 제작 부서에서는, 내가 누구를 위해 무엇을 하고 있는지 알기 어려워 무력감을 느끼기 쉽다. 반대로 영업 부서에서는 자기가 직접 만들지도 않은 제품을 팔고, 고객의 불만에 대응해야 한다. "내가 만든 것도 아닌데……" 하고 푸념을 늘어놓는 사람도 많다. 조직의 규모가 커질수록 이러한 실감의 격차는 더욱 벌어진다.

이런 문제를 해결하기 위해 종교 단체처럼 강한 일체감을 바탕으로 회사를 운영하려는 시도도 있지만, 종교 집단과 기업은 근본적으로 다르다. 종교는 구성원 모두가 가치를 공유할 수 있지만, 회사는 그렇지 않다.

결국 '일을 하며 느끼는 실감'은 생업의 핵심 요소 중 하나다. 하지만 오늘날, 이 실감의 결여는 다양한 문제를 야기한다. 예컨대 2005년 JR니시니혼 후쿠치야마 선 탈선 사고(2005년 4월 25일, JR니시니혼 후쿠치야마 선 쓰카구치 역-아마가사키 역 구간에서 전철의 앞쪽 다섯 량이 탈선하여 승객과 운전사 포함 107명이 사망하고 562명이 부상을 입은 대형 사고―옮긴이)는, 실감 없는 조직문화가 낳은 비극이었다. 이 사고는 내부 규정을 우선시한 결과 발생했으며, 승객의 안전보다 조직의 규율을 지키는 데 몰두한 나머지, 운전사가 속도를 높여 규정을 맞추려다 결국 대형 참사를 일으켰다. "최선을 다한" 결과가 실상은 참담한 사고였던 것이다.

이 탈선 사고의 근본적인 원인은, 개인이 무엇을 위해 일하는지를 잃어버렸다는 데 있다. 이는 자본주의를 비판한 경제학자 마르크스가 말한 '노동 소외'의 한 단면이다. 오늘날에는 업무의 책임이 지나치게 세분화되어, 일은 잘게 쪼개지고, 누구도 전체에 대한 책임을 지기 어려운 구조가 되었다.

역설적으로, 이러한 '노동 소외'는 노동자들이 일을 대충 해도 되는 변명이 되고 있다. 아니, 사실 각자는 '최선을 다해'

일하고 있지만, 결과적으로 오히려 문제가 발생하는 구조가 형성된 것이다. 이제는 그저 열심히 일하는 것만으로도 문제가 생기는 시대다. 참으로 곤란한 일이 아닐 수 없다.

취업을 준비하는 학생들에게 인기가 높은 한 대기업이 최근 정리해고를 단행했다. 공교롭게도 그 해에 그 회사에서 출시한, 소위 '스마트폰'이라는 제품을 사용해본 적이 있다. 그런데 문자 메시지나 전화번호부조차 제대로 사용할 수 없을 정도로 불편했고, 금방 고장이 나버렸다. 수리를 맡기려 해도 별다른 이상이 없다고 하며 펄쩍 뛰는 등, 그야말로 총체적 난국이었다.

그런 대기업조차 이런 제품을 세상에 내놓는다. 내가 들은 바로는, 정작 그 회사 직원들조차 아이폰을 더 선호한다고 한다. 이러니 제품이 팔리지 않는 것도 무리는 아니다.

제품이 어떤 모습이어야 하는지 진지하게 고민하기보다는, 그저 회의에서 통과될 만한 의견—예컨대 카메라 화소를 높이자, 기기를 좀 더 가볍게 만들자 같은—만 쏟아낸다. 이것 역시 고객보다 사내 회의의 논리를 더 중시하는 문화에서 비롯된 결과일 것이다.

이런 일이 전자제품 업계에서만 벌어지는 것은 아니다. 자기 회사에서 생산한 감기약을 자녀에게는 먹이지 않는다든가, 자사 서비스를 본인도 이용하지 않고 가족에게조차 권하지 않는 사례는 셀 수 없이 많다.

2012년, 큰 수익을 올리고 있던 한 소셜 네트워크 게임은 원래 창업자가 자신과 이용자들이 무료로 즐길 수 있도록 만든 것이었다. 하지만 회사가 주식회사가 되고 성장 중심의 경영으로 전환되면서, 창업자 스스로도 이제는 '일반적인 게임 이용자가 아니다'라고 인정하게 되었다. 더욱이 이 회사가 사회적 약자들을 철저히 착취해 이익을 올린다는 비판까지 받았다는 점은 매우 상징적이다.

많은 소셜 네트워크 게임에는 실제 돈으로 아이템을 구매할 수 있는 비공식 마켓이 존재하고, 특정 아이템을 '뽑기'를 통해서만 얻을 수 있는 구조가 강화되어 있다. 이런 구조 속에서, 사회적 관계망이 약한 사람들이 주목받기 위해 뽑기에 중독되듯 몰두하며 거액을 지출하는 사례들이 사회 문제로 떠오르고 있다.

이처럼 오늘날의 사회에서는 우리가 과연 무엇을 위해 일하고 있는지 이해하기 어려운 현상들이 빈번하게 일어나고 있다.

회사는 직원들의 부업을 허하라

생업은 기본적으로 개인이 하는 일이다. 그래서 '누구를 위해 일하는가'라는 문제를 몸으로 실감할 수 있다. 그 덕분에 실감을 느끼지 못해 생기는 모순은 거의 발생하지 않는다.

또한 생업을 경험하면 오히려 회사에서도 더 수월하게 일할 수 있다. 적어도 자신의 힘으로 무언가를 시작하고 운영한 경험이 쌓이기 때문이다. 이런 경험이 있으면, 회사 내에서 분업화된 일만 맡고 있더라도 다른 부서의 업무를 어느 정도 짐작할 수 있고, 조직 전체의 구조를 이해하는 데에도 도움이 된다. 회사 내에 생업을 실천하는 사람이 많아진다면, 상사뿐 아니라 부하 직원들 역시 회사 운영의 어려움과 특성을 더 잘 이해하게 될 것이며, 이는 경영자 입장에서도 긍정적인 결과로 이어질 수 있다.

현재 많은 기업은 직원을 강하게 통제하면서, 구성원의 의식마저 회사가 독점하려는 태도를 보이고 있다. 부업을 금지하는 경우도 많다. 그러나 오히려 부업을 허용하고, 생업을 실천한 경험이 있는 직원을 늘리는 것이 회사 전체에 긍정적인 영향을 주지 않을까? 스스로 무언가를 만들어보고 운영해본 경험은 일에 대한 감각과 태도를 바꾸며, 조직에 실질적으로 기여한다.

물론 일부 기업은 '그렇게 하면 어렵게 길러낸 인재가 이탈할 수 있다'는 우려를 하기도 한다. 이러한 우려가 있다면, 회사 업무와 생업 활동 간의 비율을 조정하여 예컨대 '회사 일 7, 생업 3' 정도의 방식으로 참여를 유도하게 구조를 정비하면 된다. 사실 이런 유연한 구조를 설계하는 것이야말로 경영자의 역량이 드러나는 지점이다. 반대로, 구성원이 숨 쉴 틈조차 만들지 못하는 기업은 점차 쇠퇴할 수밖에 없다.

'생업 만들기' 워크숍에 참여한 사람들 중 상당수는 부업을 금지하는 회사에 다니고 있었고, 대부분 분업화된 업무에 몰두하면서 '무엇을 위해 일하고 있는가'에 대한 실감을 얻지 못해 고민하고 있었다. 개인이 이처럼 피폐해지는 모습을 보면, 그 조직 역시 머지않아 전반적으로 쇠퇴하리라는 예측이 가능하다. 오늘날 많은 기업이 군대식 위계와 집단 통제를 중심으로 운영되고 있기에 구성원들이 일하기 어렵다고 느끼는 것은 자연스러운 결과이다.

한편, 생업이라는 관점에서 본다면 앞으로는 '게릴라형 네트워크'의 요소를 도입하는 것도 흥미로운 실험일 수 있다. 고가의 최신 무기를 갖춘 강대한 군사 국가를 상대로 싸우는 게릴라 조직의 예는, 다양한 사람들이 협력해 만드는 생업에도 참고가 될 것이다.

생업의 10가지 원칙

여기에서 '생업의 요소'를 정리해보자. 지금까지 살펴본 내용을 간단히 짚어주는 것도 필요하지만, 그보다 더 중요한 것은 각 요소를 이끌어내는 사고의 흐름이다.

> 생업 10개조

- 생업을 통해 일상이 살아난다.
- 고객을 도와주되, 의존하지 않도록 한다.
- 자립하는 사람을 늘리는 일에 기여한다.
- 생업은 혼자서 시작할 수 있다.
- 집세와 같은 고정 비용에 쫓기지 않는 삶을 산다.
- 주는 이도, 받는 이도 자연스럽게 친구가 된다.
- 전업이 아니어도, 전업보다 더 본질적인 가치를 만든다.
- 일을 통해 삶의 실감을 되찾는다.
- 일부러 매출을 늘리려 애쓰지 않는다.
- 자기가 진심으로 하고 싶은 일을 만든다.

물론 여기에 적은 것 외에도 생업의 요소는 더 많이 있을 것이다. 중요한 것은 각자가 자신의 항목을 점차 늘려가는 것이다. 외우려고 애쓸 필요는 없다. 가끔씩 다시 들여다보거나, 갈피를 잡기 어려울 때 떠올리는 것만으로도 충분하다. 인쇄해서 벽에 붙여두는 등 스스로에게 과도한 부담을 주지는 말자.

    이처럼 간단한 항목들을 스스로 정리하려고 시도하면, 일상에서 받아들이는 정보의 종류와 질도 서서히 달라지기 시작한다. 그 효과 역시 점진적으로 나타난다. 계속해서 강조하지만, 즉각적인 효과는 기대하지 않는 것이 중요하다.

생업 연습문제

(문제)

사람들과 만나는 걸 좋아하지만, 매번 술자리를 갖다 보면 비용이 만만치 않습니다. 1차에서 4000엔, 2차에서 가볍게 마셔도 2000엔, 지하철 막차를 놓쳐 택시를 타면 3000엔이 추가됩니다. 한 번 모임에 9000엔 가까이 쓰는 셈이죠.

이런 만남이 일주일에 한 번만 있어도 한 달에 약 4만 엔, 1년이면 50만 엔에 달합니다. 사람을 만나는 즐거움은 포기하고 싶지 않지만, 지출을 줄이면서도 충분히 만족스러운 만남을 가질 방법은 없을까요?

(생업식 예시 답안)

사람들이 함께 모일 수 있는 공간을 마련하고, 식사는 요리에 능한 친구에게 부탁한 뒤, 친구들과 파티를 열어보세요.

(생업식 해설)

요리는 재료와 약간의 솜씨만 있다면 누구나 맛있게 만들 수 있습니다. 요즘은 일본 전통주도 3000엔 정도면 꽤 괜찮은 술을 구입할 수 있고, 다섯 명이 함께 나누면 1인당 600엔 정도의 부담으로 즐길 수 있습니다. 결국 문제는 '장소'인데, 이 한 가지만 해결되면 모든 것이 한 번에 풀립니다.

사람들이 모여 식사할 수 있는 공간을 직접 마련해보는 것도 좋겠습니다. 예를 들어, 넓은 거실이 있는 셰어하우스를 친구와 함께 빌리는 방법이 있습니다. 단순한 술자리도 좋지만 기왕 모이는 김에 작은 이벤트를 곁들이면 훨씬 즐겁고 기억에 남는 시간이 됩니다.

다 함께 만두를 빚어 먹는다든지, 면부터 국물까지 라면을 직접 만든다든지, 각자 자신 있게 만든 카레를 가져와 서로 맛을 보는 건 어떨까요? 혹은 해외여행을 다녀온 친구가 찍은 사진을 프로젝터로 함께 보며 식사하는 것도 즐거운 경험이 될 수 있습니다.

이런 모임은 보통 1500엔 정도의 회비로도 충분히 만족스러운 자리가 될 수 있습니다. 장소를 제공해준 사람에게는 회비를 500엔 정도 감면하면 서로에 대한 배려가 자연스럽게 오가고, 부담도 줄어듭니다. 물론, 식사 후에는 함께 뒷정리를 하는 것도 잊지 말아야 합니다.

나는 학생 시절 교토에서 지냈는데, 그곳에는 여름에 술 마시기 좋은 가모가와 강변이 있습니다. 술과 음식을 준비해 가서 강가 벤치에 앉아 친구들과 시간을 보내면 정말 최고의 자리가 되었죠. 이런 식으로, 가까운 동네에서도 사람들과 함께할 수 있는 장소를 직접 찾아보는 것도 좋은 방법이 될 수 있겠네요.

제1장 생업이란 무엇인가

> 생업식 응용

예를 들어 '카레가 있는 밤'이라는 이름으로, 참석자들이 직접 만든 카레를 가져오는 정기적인 이벤트를 열어보는 것도 재미있겠네요. 간단한 아이디어 하나만으로도 얼마든지 즐거운 자리를 만들 수 있습니다.

내가 생업을 시작한 초기 3년 동안 살았던 도쿄의 '시타우마의 토방이 있는 집'도, 사실 술자리 비용이 너무 부담되어 시작한 생업이었습니다. 뜻이 맞는 사람들과 함께 정원이 딸린 오래된 전통 가옥을 임대한 뒤, 손수 수리를 거듭하여 이벤트 공간 겸 생활 공간으로 꾸몄습니다. 많은 비용을 들이지 않고도 '한번 가보고 싶다'는 마음이 들 수 있도록 공간을 기획했고, 덕분에 매번 열 명에서 서른 명, 많을 때는 쉰 명 가까이 사람들이 모이는 소중한 장소가 되었습니다.

그 과정을 통해 저도 모르게 집을 수리할 수 있게 되었고, 소규모 이벤트를 기획하고 준비한 뒤, 이를 알리는 일련의 흐름 속에서 자연스럽게 생업 만들기의 기초를 익혔습니다. 이 경험은 '놀이'가 곧 생업 만들기의 훌륭한 연습이 된다는 사실을 보여주는 좋은 예입니다.

제 2 장

지출을 점검하고 줄이자

가뿐한 삶을 위한 지출 줄이기

생업을 만들고자 하는 마음이 생겼다면, 바로 실천하기 전에 더 간단한 방법이 있다. 지출을 줄이는 것이다. 동일본대지진 이후 대체 에너지 개발이 주목받았지만, 새로운 방식으로 에너지를 생산하기보다 소비 자체를 줄이는 것이 훨씬 더 간단하고 효과적이다. 에너지는 생산보다 절약이 쉽다.

기업 경영에서도 마찬가지다. 매출을 늘리는 것보다 불필요한 지출을 줄이는 편이 실천하기 쉽다. 물론 실제로 실천하는 사람은 많지 않지만 말이다.

생업을 준비하는 사람이 가장 먼저 해야 할 일은, 자신이 재미를 느낄 수 있는 방법으로 불필요한 지출을 줄이는 것이다. 그 방법이 효과적이라면, 다른 사람에게 공유하는 것 자체가 하나의 생업이 될 수 있다. 지출을 줄이는 동시에 생업까지 연결되는, 일석이조의 효과다.

현대 사회는 물질이 넘쳐난다. 그만큼 중요하지 않은 것에 돈을 쓰는 일이 많아질 수밖에 없다. 그러니 무조건 돈을 벌어야 한다는 강박에 시달리기보다, 자신의 생활을 면밀히 관찰하고, 삶의 즐거움을 해치지 않으면서도 지출을 줄일 수 있는 방법을 찾아보자.

지출을 줄이기 위해 필요한 것은 수입이 아니라 생활 방식의 조정이다. 이 방법은 고객을 찾을 필요도 없어, 생업으로 수입을 얻는 것보다 훨씬 간단하다. 생업은 경쟁을 전제로 하지 않는 삶의 방식이므로, 무엇보다 단순한 일부터 실천해보자. 이 글에서는 생업 만들기의 기초 훈련이라 할 수 있는 '즐겁게 지출을 줄이는 방법'에 대해 살펴본다.

지출을 줄이기 전에 먼저 필요한 것은 통찰이다. 건강하고 즐겁게, 그리고 시장경제 논리에 휘둘리지 않고 가뿐하게 살아가기 위해 무엇이 필요한지, 또 무엇이 불필요한지를 깊이 생각해보아야 한다.

나의 경우, 건강하게 살기 위해 필요한 것은 햇볕이 잘 드는 잠자리, 겨울철 난방이 잘되는 방, 옷, 신선한 채소와 된장과 쌀, 그리고 가능하다면 온천이다. 가끔 생선회를 먹을 수 있다면 더욱 좋다. 가뿐하게 살아가기 위해 필요한 것은, 신선한 대화를 나눌 수 있는 동지, 그리고 함께 먹거리를 생산하거나 건물을 짓고 수리할 수 있는 동료다. 여기에 더해 일 년에 한두 번은 낯선 곳을 살펴보러 떠나고, 매일 새로운 기술을 익히며 생활의 자급력을 높여갈 수 있다면 금상첨화다.

반대로, 불필요하다고 느끼는 것은 다음과 같다. 구매 즉시 가치가 떨어지는 단독주택이나 맨션, 사치스러운 외식, 보여주기식의 화려한 일, 의미 없는 술자리, 유지비가 많이 들고 관리가 필요한 자가용, 맛없고 단 과자, 과하게 꾸며진 옷가게의 제품 등이다. 가끔 화과자 가게에서 생과자 하나를 사서 직접 끓인 말차와 함께 먹는 편이 나는 훨씬 좋다. 옷은 장롱을 채우기 위한 소비보다는, 품질이 좋고 오래 입을 수 있는 것을 1년에 한두 벌 구입하는 것이 낫다.

건강하고 통쾌한 삶을 위해 얼마만큼의 돈이 필요할까? 사실, 돈이 거의 들지 않아도 충분히 즐겁고 충실하게 생활할 수 있다. 나는 현재 도쿄에서 셰어하우스에 살며, 집세와 술자리 지출을 줄이고, 물물교환 모임을 통해 생활비를 절감하고 있다. 한 달에 10만 엔 이상을 쓰지만, 다양한 방식으로 지출을 줄이는 방법을 실험하고 있으며, 그만큼 만족스러운 생활을 하고 있다.

더 과감하게 지출을 줄인 사람도 있다. 대학 졸업 직후 산간 지역으로 들어가 생활을 시작한 친구는 먹거리 대부분을 자급하고, 전화 요금, 기름값, 인터넷 요금, 집세, 연금 등을 부담하면서도 한 달에 2~3만 엔으로 생활하고 있다. 그는 농사, 과외 수업, 축제 일손 돕기, 산림 작업 등 다양한 일을 하며, 매달 일정 금액을 저축하기도 한다. 이러한 생활이 가능한 것은 무엇보다 주거비가 매우 낮기 때문이다.

일본에서는 빈집 비율이 전국 평균 13퍼센트에 이르고, 어떤 지역은 30퍼센트에 달하기도 한다. 산골일지 모르지만, 흥정을 잘하면 월 5000엔 정도의 임대료로 단독주택을 빌릴 수 있는 곳도 있다. 도쿄에서 월 5만 엔짜리 집에 1년간 사는 비용이면, 시골에서는 같은 금액으로 10년을 살 수 있다. 도쿄에서 8년을 살았다면, 산골에서 80년을 살 수 있는 비용을 이미 지불한 셈이다. 집이 실제로 80년을 버틸 수 있을지는 모르겠지만, 인구가 감소해 빈집은 계속 늘어날 것이다.

제2장 지출을 점검하고 줄이자

이런 현실을 알고 시골에서 집을 구해 살아가는 방법을 익히면, 실제적인 대안을 갖는 셈이다. 시골에서 살지 말지는 개인의 선택이지만, 이런 선택지가 존재한다는 사실은 어설픈 금융상품보다 더 현실적인 도움이 될 수 있다.

아이를 낳는 등 인생의 새로운 계획을 실현하기 위해 목돈이 필요하다고 느낄 수도 있다. 물론 한 달에 1~2만 엔의 저축만으로는 부족할 수도 있다. 하지만 그보다 중요한 것은 자신의 생활 능력을 기르고 시간을 확보하는 일이다. 당장의 수입에 집착하기보다는 자기 역량을 키울 시간을 갖는 것이 오히려 장기적인 안정에 도움이 된다. 매달 3만 엔을 벌고, 그중 1만 엔을 저축할 수 있다면 그것만으로도 의미 있는 출발이 될 수 있다.

또 다른 사례도 있다. 버려진 섬 마을을 다시 일구며 살아가는 한 가족은 자녀가 여덟 명이다. 이 지역에서는 연간 200만 엔도 벌기 어려운 상황이지만, 그 자녀들은 모두 상급 학교에 진학했다. 고정 지출이 거의 없는 생활 구조 덕분이다. 수입은 적지만 쓸 일이 없고, 오히려 저소득 덕분에 장학금을 받기 쉬웠다고 한다. 형제들이 많아 서로 공부를 도와주니 과외도 필요 없었다.

이 사례를 극단적으로 받아들일 수도 있겠지만, 자녀 교육에 2000만~3000만 엔이 든다는 근거 없는 말에 휘둘릴 필요는 없다. 교육비의 내역을 꼼꼼히 살펴보고, 더 효과적으로 지출할 방법을 찾는 것이 중요하다. 때로는 극단적으로 보이는 예시에서 오히려 본질적인 통찰을 얻을 수 있다.

불안의 정체를 알면 두려움이 사라진다

몸과 마음이 지쳐 회사를 그만두고 싶지만 쉽게 결단을 내리지 못하는 이유 중 하나는 월급이 끊긴다는 두려움이 있어서다. 수입이 사라지면 아무것도 할 수 없으리라는 공포가 크다.

도시에서의 생활은 유지비가 많이 들어서 일을 그만두면 생활이 곤란해질 수 있다. 이 두려움이 매우 커서, 스스로 충분히 생활을 꾸릴 수 있으리라 생각하는 사람조차 회사를 그만두지 못하는 경우가 많다. 현대 사회에서는 올바른 판단을 유지하는 것 자체가 쉽지 않다. 제정신을 차리고 있는 것만으로도 칭찬받아야 할 정도다.

생업을 만들기 전에는, 다양한 공포를 위기감으로 전환할 수 있는 기초적인 능력이 필요하다. 공포는 일종의 허상으로, 주변에서 아무리 해결책을 제시해도 스스로 실천하지 못하게 만드는 힘을 지닌다. 만화 『헌터×헌터(HUNTER×HUNTER)』에 나오는 표현을 빌리면, "원인을 모르니까 놀라는 것이다. 요술의 기본이다"라는 말과 같다.

따라서 공포의 정체를 밝히는 것이 중요하다. 우리는 미지에 도전할 때 흔히 "어렵다", "힘들다"고 말하지만, 그 안을 하나하나 뜯어보면 실은 해결 가능한 문제들의 집합에 불과한 경우가 많다.

월급이 끊긴다는 두려움 역시, 실제로 생활에 얼마가 드는지, 그 비용을 얼마나 줄일 수 있는지, 최소한의 지출로 몇 개월을 버틸 수 있는지, 그렇게 살아가는 것이 가능한지 등을 정확히 파악하면 극복할 수 있다. 정체를 알면 두려움은 줄어들고, 자신이 직접 해결하거나 피할 수 있는 길이 열린다.

공포를 위기감으로 바꾸는 방법으로는, 일정 기간 가계부를 작성해 실제 지출을 체감하거나, 매일 불필요하게 소비한 항목을 기록한 뒤 이를 줄이거나, 일주일간 돈을 쓰지 않고 지낼 수 있는 환경으로 이동해보는 방법 등이 있다.

나의 경우, 햇볕이 잘 드는 좋은 잠자리, 온천, 그리고 괜찮은 식사 세 가지가 충족되면 그 외의 지출은 최소화할 수 있다고 판단한다. 그래서 이 세 가지에 필요한 비용이 얼마인지 계산한 뒤, 최소한 그 정도를 벌 수 있는 생업을 만들어두었다. 그렇게 하자 심리적으로 큰 안정감을 느꼈다. 혼자 사는 경우라면 생업 두 개 정도로도 충분히 생활비를 감당할 수 있다. 자녀가 있어도 부부가 네댓 개의 생업을 나누어 한다면 어느 정도 자립이 가능할 것이다.

이처럼 생업을 어떻게 만들고, 안정적인 생업을 이어가기까지의 생활 계획을 구체적으로 세워두면 공포는 훨씬 줄어든다. 생활의 기반이 마련되어 있다는 안정감이 있다면, 건강을 해치며 억지로 해야만 하는 일을 줄이고, 미래를 위한 일에 집중할 수 있다. 이러한 상태를 유지할 수 있다는 점은 생업이 가진 큰 장점 중 하나다.

한편으로는, 생활비를 벌기 위해 '라이스워크'라 불리는 일을 따로 하고, 이후에 자신이 원하는 일을 필생의 사업으로 삼겠다는 전략을 세우는 경우도 있다. 이 전략은 현실적인 듯 보이지만, 실제로는 안이한 발상이다. 생계를 위한 일도 엄연한 '일'이기 때문에 그 과정에서 생긴 감각이 자기 내부에 스며들고, 그 영향은 생각보다 크다. 그 결과 원하는 일을 할 때의 감각마저 무뎌질 수 있다.

일상은 결코 무시할 수 없다. 지금 하고 있는 일이 당장의 꿈과는 다르더라도, 그 안에는 반드시 배울 점과 활용할 수 있는 요소가 존재한다. 그렇기 때문에 어떤 일이든 긍정적으로 받아들이고, 자신에게 유익한 노하우를 찾아내는 노력이 필요하다. 감각은 무척 쉽게 무뎌진다.

학생 시절 재기 넘치던 사람이 몇 년 후 만나보니 회사 이야기밖에 하지 않는 사람이 되어 있다는 일화는 흔하게 들을 수 있다. 회사에 다니면서 남는 시간에 하고 싶은 일을 하겠다고 해도, 정작 회사 일을 부정적으로 여기면 회사 밖의 일 역시 순조롭게 진행하기 어렵다. 이론상으로는 회사 일을 하며 좋아하는 일에도 도전하는 방식이 가장 위험 부담이 적고 안정적인 선택처럼 보일 수 있다. 그러나 일상이 주는 영향을 과소평가하게 되는 함정이 존재한다.

만약 이러한 전략을 세운다면, 우선 지금의 회사 생활부터 긍정적으로 받아들이는 자세가 필요하다. 네덜란드에서는 한때 주 3~4일 근무하고 남는 시간을 지역 활동이나 부업에 활용하는 워크셰어링 방식이 화제가 된 적이 있다. 일본에서는 사회 구조상 어려운 방식이라 여겨지기도 하지만, 그것보다 더 중요한 것은 현재의 근무 환경을 어떻게 받아들이느냐다.

이 원리는 기업 차원에서도 마찬가지다. 특히 웹서비스 기업들 사이에서는 자신들의 서비스를 개발하기 위해 외부 수주를 받아 자금을 조달하던 중, 정작 본래 만들고자 했던 서비스는 전혀 진척되지 않거나 중단되는 경우가 많다. 겉으로는 훌륭한 서비스를 제공하는 회사로 보일 수 있지만, 실제 수입원은 외부 위탁업무인 경우도 흔하다. 이런 상황에서는 예산과 마감 기한에 쫓기다 보니 노동 환경이 악화되기 쉽다.

프리랜서도 크게 다르지 않다. 웹디자이너의 경우, 자신의 웹사이트를 만드는 일이 오히려 가장 뒷전으로 밀리는 경우가 많다. 이런 일이 일상적으로 벌어진다.

'대장장이 집에 식칼이 없다'는 속담은 시장경제가 갖는 구조적 특성을 잘 보여준다. 그러므로 진심으로 원하는 일은 따로 있다고 하며, 생계를 위해 하는 일에 '라이스워크'라는 부정적인 의미를 부여하는 것은 바람직하지 않다. 일을 대하는 태도가 나태해지면, 삶의 감각 역시 무뎌진다. 현대 사회에는 이러한 감각을 흐리게 만드는 덫이 많다.

'밥벌이'에 해당하는 일을 낮춰보는 듯한 표현이나, 라이스워크 같은 용어 사용은 지양해야 한다. 조심성 없는 언어는 사고방식과 행동에 영향을 끼친다. 더불어 머니타이즈, 셀프브랜딩, 레버리지 등 유행하는 외래어 역시 사고를 흐리게 만들 수 있다. 생업을 염두에 둔 사람이라면 사용하는 언어에도 세심한 주의를 기울일 필요가 있다.

나는 이러한 말을 사용하지 않는다. 굳이 바꾸어 표현하자면, 머니타이즈는 '돈을 버는 방법', '입장료 받기', 셀프 브랜딩은 '매일의 활동을 알기 쉽게 보고하기(긍정적 의미)' 또는 '자신을 홍보하기(부정적 의미)', 레버리지는 '효율적이고 수익성 높은 방법(긍정적 의미)' 혹은 '힘을 들이지 않고 결과를 내려는 접근(부정적 의미)' 정도로 해석할 수 있다.

결국 인간은 언어를 통해 사고를 구성한다. 그렇기 때문에 '생업'이라는 말을 사용하는 것 자체가 '생활과 일을 일체화하는 사고방식'을 익숙하게 만드는 훈련이 된다. 이것이 이 책에서 강조하고자 하는 중요한 주제 중 하나다. 나는 '비즈니스'라는 말도 사용하지 않는다. 이 단어의 어원이 'busy(바쁜)'이기 때문이다. 너무 바빠지면 마음을 잃는다.

갈피를 잡기 어려울 때는 이렇게 생각해보자. "이건 생업이 아닌 것 같다"는 느낌이 든다면 생업이 아니고, "이건 생업이라 부를 수 있겠다"는 확신이 들면 생업이 된다. 말장난처럼 들릴 수도 있지만, 이것은 의외로 중요한 구분이다.

인생의 가치를 재배치하기

무슨 일을 하든 돈이 든다는 말은 어떤 면에서는 사실이다. 그래서 '돈을 벌어야 한다'가 상식으로 통하지만, 그 주장의 실체를 의심해볼 필요가 있다. 그렇다고 해서 물물교환이 낫다거나, 갑자기 증여경제를 주장하는 것은 안이해 보인다. 생업을 시작하기 전, 화폐경제에 대해 좀 더 자세히 들여다보는 것은 의미 있는 준비 과정이 된다.

소비는 생활의 다양한 측면에 걸쳐 있다. 우선, 금액이 크게 드는 분야부터 살펴보자. 현대 사회에서 대부분의 사람들에게 가장 큰 지출은 주거비이며, 그 외에도 식비, 교통비, 교제비, 여가비, 통신비, 의료비, 자녀 교육비 등이 뒤따른다. 이 가운데 가장 큰 비중을 차지하는 '주거비'를 통해 돈을 쓴다는 것의 의미를 구체적으로 살펴볼 수 있다.

나는 첫 월급이 20만 엔이었을 때 월세 5만 엔의 아파트에 거주했다. 연봉이 240만 엔인 상황에서, 연간 집세가 60만 엔이라는 것은 1년의 4분의 1, 즉 3개월은 집세를 위해 일한 셈이었다. 더욱이 그 집은 단지 잠을 자는 공간에 불과했고, 주방도 좁아 제대로 요리하기 어려웠다. 이런 생활은 많은 이들이 경험하지만, 과거의 나 자신에게 이렇게 묻고 싶다. "정말 1년의 4분의 1을 집세로 낭비할 가치가 있었는가? 다른 선택지는 없었는가?"

이런 질문은 단순한 경제적 판단을 넘어, 삶의 4분의 1을 재검토하는 깊은 성찰로 이어진다. 식비, 교통비, 교제비 등도 이와 같은 방식으로 점검해보는 것이 필요하다. 이는 본격적으로 생업을 시작하기 전에 반드시 거쳐야 하는 준비 과정이다.

다가올 시대 변화에 대비해서도 지출 구조를 점검하는 일은 매우 중요하다. 특히 주거비와 식비는 액수도 크고 삶의 질에 미치는 영향도 크기 때문에, 시행착오를 거치며 자신에게 맞는 방식을 찾아야 한다. 수입의 형태를 바꾸고자 한다면 지출 방식 또한 바뀌어야 한다.

주거 형태는 다양하게 시도할 수 있다. 직접 셰어하우스를 만들거나, 평일에는 작은 아파트에서 지내고 주말에는 시골 집을 이용하는 방식도 있다. 혹은 집을 처분하고, 특정 작업이나 교환을 통해 다른 이의 집에 머무는 생활을 해보는 방법도 있다. 공공시설을 활용해 동네 카페를 서재로, 공중목욕탕을 욕실로, 공원의 나무 그늘을 정원으로 삼고, 작은 아파트를 침실로 사용하는 것도 가능하다. 이처럼 공간을 분산적으로 활용하는 방식은 클라우드 개념과도 유사하다.

이미 이러한 시도는 조용히 퍼져나가고 있다. 반년 동안 집중적으로 일해 돈을 모은 후, 생활비가 저렴한 해외에서 반년을 보내는 생활을 반복하며 연간 100만 엔을 저축하는 사람도 있다.

사업을 시작할 때도 임대료를 줄이는 것이 매우 중요하다. 음식점을 시작하고자 할 경우, 보증금과 인테리어 비용,

주방 설비, 각종 허가 비용까지 합치면 수백만 엔이 필요하다. 초기 비용이 높고, 직원을 고용하면 매달 인건비도 추가된다. 초반에는 적자가 불가피하고, 이를 메우기 위해 5~10년을 노력해야 하는 경우가 많다. 창업센터에서는 목돈이 없으면 시작조차 어렵다고 말하며 상담을 마무리짓는 경우도 많다.

생업적 관점에서는 이러한 방식이 유일한 해법이 아니다. 임대료가 저렴한 공간을 찾아, 중고 설비를 구입하고 직접 인테리어를 하거나, 점포를 빌리지 않고 낮 시간에 영업하지 않는 가게 앞을 활용해 도시락 장사를 시작할 수도 있다. 실제로 농민들이 직접 기른 채소를 싣고 도쿄로 와서 공터나 주차장에서 장사하는 경우도 많다.

시골에서는 문을 여는 날을 정해 혼자 가게를 운영하는 것도 가능하다. 주말만 영업하고 평일에는 다른 일을 하는 방식도 유용하다. 실제로 손님이 항상 붐비는 가게는 드물기 때문에, 주중에도 계속 가게를 여는 것은 비효율적일 수 있다. 손님이 없을 때도 직원을 두면 인건비가 들고, 유지비와 광고비 부담이 커져 본래의 목적을 잃을 수도 있다.

시골에서 생업을 시작할 때 중요한 것은 자기 힘으로 생활하는 것이다. 주 5일 이상 일하면 자급할 수 있는 여유가 줄어든다. 집짓기나 자급 농업 등 해보고 싶은 일이 많은 경우, 영업일을 줄이는 것이 오히려 합리적이다.

도시에서도 마찬가지다. 출장 요리사로 일하거나, 격일제로 운영하는 가게의 매니저로 일하며 자신의 일을 시험해 보는 방식도 가능하다. 설비가 갖춰진 공간을 빌려 사용하는 방식은 도시만의 조건을 잘 활용한 사례다.

초기 투자 없이도 자기 일을 시작할 수 있는 방법은 얼마든지 있다. 이러한 전략을 철저히 연구하는 것이 생업의 핵심이자 일종의 놀이이며, 큰 투자가 필요한 방식보다 오히려 더 창의적이다. 누구나 따라할 수 있는 방식보다, 자신만의 생업을 작게 시작하는 것이 중요하다.

좀 더 구체적인 예로, 빵집을 열고자 할 경우를 생각해보자. 대도시에 점포를 열고 많은 손님을 상대하기 위해 큰 공간을 마련하고, 인건비와 광고비를 부담하며 고수익을 추구하면 큰 비용과 위험이 따른다.

반면, 시골에서 흙가마를 직접 만들어 장작으로 빵을 구우며 주말에만 판매하는 방식은 비용이 적게 든다. 점토는 저렴하게 구입하거나 재활용할 수 있고, 찐빵 장사처럼 최소한의 설비만으로도 시작할 수 있는 일도 있다. 제품의 질과 제조 방식에 자신만 있다면, 생업으로 충분히 유지할 수 있다. 기술이 부족하더라도 바로 시작할 수 있다는 점이 큰 장점이다.

창업 자금으로 흔히 말하는 300만 엔은 현실적으로 큰 부담이다. 이를 모으는 데 3년이 걸릴 수도 있고, 그 과정에서 의욕을 잃을 수도 있다. 그 사이 시장 환경이 바뀔 수도 있다. 인생은 짧고, 돈을 모으기 위해 흘려보낸 시간이 아까울 수 있다. 서른두 살에 시작해 10년간 대출을 갚는다면 45세가 되고, 65세 은퇴를 기준으로 하면 남은 시간은 20년뿐이다. 이처럼 무거운 각오가 필요한 선택지를 꼭 따라야 할 이유가 있을까?

현대 사회는 300만 엔을 투자해 수익을 내는 모델만을 성공의 전형으로 제시한다. 하지만 그러한 모델은 많은 부담과 높은 진입 장벽을 동반한다. 창업 자금이 전부인 양 여기는 풍조는 바람직하지 않다.

고위험, 고수익 모델만이 전부가 아니다. 저위험, 저수익에서 시작해 차근차근 키워나가는 방식도 충분히 유효하다. 주말마다 안전한 재료로 만든 빵을 흙가마에서 굽고 나누는 생업은 주류 매체나 창업 관련 정보에서는 잘 다뤄지지 않는다. 오히려 창업 잡지에서는 편의점 가맹점을 권유하는 경우가 많다. 그러나 그 외에도 길이 있다. 바로 그 가능성을 진지하게 고민해보는 것이 중요하다.

돈 없이 자립적인 삶 구축하기

지금까지 절약에 대한 이야기만 한 것처럼 보일 수도 있지만 오히려 적은 밑천으로 무언가를 해내려는 태도가 존경할 만하며 즐거운 일임을 강조하고 싶다.

오늘날에는 돈을 써서 무언가를 이루는 일이 흔해졌고, 이는 누구나 할 수 있는 일로 여겨진다. 실제로 많은 이들이 큰돈을 쓸 수 있는 형편은 아니지만, 이론적으로 같은 금액을 쓰면 누구나 같은 서비스를 받을 수 있다. 돈으로 할 수 있는 일은 결과적으로 동일하지만 그것이 진정한 '자기 일'이라고 말하긴 어렵다. 그렇기에 소자본으로 사람들에게 도움이 되거나 흥미로운 일을 벌이는 사람이 가장 멋져 보인다.

『곤충기』의 저자 파브르를 존경하지 않을 사람은 많지 않을 것이다. 그는 그저 자연을 열심히 관찰하고, 그 결과를 책으로 정리했을 뿐이다. 정말이지 거의 비용이 들지 않는 일이었다. 오늘날처럼 대규모 예산을 따내어 이루어지는 프로젝트와는 차원이 다른 접근이었다.

센 리큐(千利休, 1522~1591: 일본 전국시대에 다도를 정립하고 완성한 인물—옮긴이)도 마찬가지였다. 내버려두면 큰 건물을 짓고 싶어 하는 인간의 본성을 극복하고, 일부러 작은 오두막과 다기에 성(城)에 버금가는 가치를 부여했다. 이것 또한 거의 지구적인 차원의 저비용이라 할 만한 위대한 발상이었다. 꽃

꽂이 역시 마찬가지다. 자연 속 식물에 손길을 더해 새로운 가치를 창출한다는 점에서 놀라운 저비용 문화이다.

돈을 써서 무언가를 얻는다는 것은 그만큼 자원과 에너지를 소비하고, 결국에는 쓰레기를 남기는 일이기도 하다. 핵연료 폐기물은 그 최종적 사례이기도 하다. 이런 관점에서 보면, 가장 존경받을 수 있는 삶은 적은 지출로 살아가는 삶이 아닐까?

이러한 시각에 익숙해지면 사회적 지위나 명예에 대한 기존의 기준이 바뀐다. 물론, 누군가는 부의 축적이 인류 발전의 원동력이라 주장할 수도 있다. 센 리큐 역시 당시 권력자인 오다 노부나가(織田信長, 1534~1582: 일본 전국시대를 평정하고 이후 통일의 기틀을 닦은 무장—옮긴이)의 자원을 활용해 다도라는 문화를 정립하고 널리 퍼뜨렸다.

그러나 리큐 이후 지금까지, 일본인은 끊임없이 부를 축적하고 그것을 지키는 데 힘써왔다. 이제는 다시 한 번 저비용으로 생활을 풍요롭게 만드는 행위를 재발견하고, 돈과 적당한 거리를 두며 바람직한 화폐경제를 모색해야 할 시대에 접어들었다고 생각한다.

파브르가 힘들게 살았던 근대나 센 리큐가 수완을 발휘해 헤쳐나간 중세와 달리, 오늘날은 개인도 채소나 쌀을 재배해 어느 정도 자급자족하는 일이 가능해졌고, 사용할 수 있는 도구 역시 다양해졌다. 돈을 쓰지 않는 행위에 가치를 두기에도 좋은 시대가 온 것이다.

각자가 불필요한 소비를 줄이고 규칙을 세워 생활하는

가운데, 어떤 방식으로 현대 사회에서 즐겁고 의미 있는 삶을 살 수 있는지를 고민하는 것이 생업식 생활의 핵심 전략이다. 이는 단순한 절약이 아니라 새로운 재미를 찾는 방식이기도 하다. 돈 없이 자립적인 삶을 얼마나 즐겁게 구축할 수 있느냐가 관건이다.

간사이(関西: 오사카와 교토를 중심으로 하는 지역—옮긴이) 지역 사람들은 대화를 나눌 때 "값어치가 있느냐"는 말을 자주 사용한다. 이는 단순한 가격 이상의 만족을 의미하며, 영어의 '코스트 퍼포먼스'에 해당한다. 브랜드 광고에 현혹되어 고가의 제품을 구입하기보다는, 예술성과 감각을 갖춘 창작자와 직접 교류하며 작품을 구입하면 감각을 기르고 삶에 활력을 더할 수 있다.

이미 이러한 방식으로 살아가는 사람들이 존재한다. 차를 소유하지 않고, 집에서 직접 술자리를 가지거나 파티를 여는 이들이다. 외식할 때도 가치 있는 곳을 찾고, 친구들과 함께 요리를 하며 즐거운 시간을 보낸다. 셰어하우스나 공영 조리실 등 공간은 얼마든지 활용 가능하다.

아이디어는 무궁무진하다. 오락도 저비용으로 충분히 가능하다. 어릴 적 하던 범인잡기 놀이를 어른의 규칙에 맞게 바꾸고 적당한 장소를 찾아 함께 즐기면 적절한 운동이 되면서도 일상에서 접하기 어려운 스릴도 맛볼 수 있다. 학생 때 캠퍼스나 운전교습소에서 이 놀이를 해본 적이 있는데 정말 흥미진진했다. 기회가 닿으면 지금도 해보고 싶다. 돈을 거의 쓰지 않으면서 최고의 재미를 느낄 수 있으니까. 장소를 섭외하고 사람을 모으는 일이 수고스럽지만, 그리 어렵지 않다.

직접 집을 짓거나, 친구들과 힘을 모아 오래되었지만 잘 지어진 집을 수리하면 주거비도 줄일 수 있다. 작업이 있는 날마다 바비큐 파티를 열면 일도 즐겁게 할 수 있다. 즐거운 분위기 속에서 일을 하니 굳이 캠프장에 가지 않아도 더 재미있고, 맥주도 더 맛있다. 건물에 대한 지식도 늘어나 공부가 되기도 한다.

보다 간단한 방법으로는, 버스정류장이나 공중목욕탕을 중심으로 집을 찾는 방법이 있다. 도쿄에서는 역 근처 집세가 비싼 편이지만, 자주 운행하는 버스 노선 근처나 욕실이 없는 저렴한 집을 선택하고 공중목욕탕을 이용하는 방식도 있다. 집세도 절약되고, 욕실 청소 수고도 줄어들며, 목욕 요금이 들어도 수도와 가스 요금이 절약되니 충분히 본전을 뽑는다. 무엇보다 매일 넓은 욕탕을 이용할 수 있다는 장점이 크다. 작고 비싼 욕실보다 훨씬 쾌적한 생활이 가능하다. 그러니 당장 집을 새로 짓거나 고치기 어렵다면, 좋은 목욕탕을 중심으로 집을 찾아보는 것도 한 방법이다. 아파트나 맨션 건물에 목욕탕이 있는 경우도 있으니, 그런 매물을 찾아보면 좋겠다. 문제는 욕실 없는 넓고 깨끗한 집이 좀처럼 없다는 점이지만.

하지만 여기서도 새로운 가능성이 보인다. 이것을 생업의 실마리로 삼을 수 있다. 너무 낡고 욕실이 없어 잘 임대되지 않는 집들을 통째로 임대해, 주방을 없애고 깨끗하게 수리한 뒤 훌륭한 공동 주방을 갖춘 셰어하우스로 바꾸는 것이다. 각자의 방은 있으되 공동 공간이 마련된 형태다. 인근 공중목욕탕과 계약을 맺어 입욕료를 할인받는 방식도 가능하다. 물론 수리비도 최대한 줄이도록 고민해야 한다.

이처럼 적은 밑천으로도 즐겁고 유쾌한 일을 해나갈 여지는 무궁무진하다. 이런 비용 절감의 기술을 발전시키면 자기 삶이 유쾌해지고, 그것이 자연스럽게 생업으로 이어질 수 있다. 이 점이 생업의 가장 재미있는 부분이기도 하다.

집을 지을 수 있는 기술이 있다면, 건축주가 시공에 함께 참여하는 조건으로 남의 집을 지어주는 것도 생업이 될 수 있다. 또 범인잡기 놀이에 능숙해지면, 대회를 기획해 생업으로 만들 수도 있다. 최근 큰 인기를 끌고 있는 '탈출 게임(작게는 한 채의 집, 크게는 놀이공원이나 야구장 내에 숨겨져 있는 힌트를 모아 열쇠 등 각 장소를 탈출할 수 있는 방법을 찾아내는 게임. 2007년 교토에서 처음 시작되었으며 그후 일본 각 지역에서 개최되면서 젊은층에 인기를 얻고 있다. 이벤트를 주최하는 SCRAP는 이벤트 전문 기획사가 아니라 원래 교토에서 무가지를 발행하던 회사였다—옮긴이)'도 마찬가지다. 기획자 가토 다카오(加藤隆生) 씨가 새해에 친척들과 동네에서 벌인 보물찾기 놀이가 그 시작이었다. 이처럼 자기에게 가장 재미있는 놀이를 생업으로 만들 수 있다.

사회적 수요를 분석해 한몫 잡으려다가 실패하면 아무것도 남지 않는다. 하지만 비용을 절감하는 노력은 절대 헛되지 않으며, 최소한 자기 삶을 더 낫게 만든다. 곧 자신의 생활에서 태어난[生] 일[業], 생업이란 안정을 지향하는 사람들을 위한 진정한 방법론이라 할 수 있다.

제2장 지출을 점검하고 줄이자

보험보다 동료 만들기

생업 만들기를 시작한 이후 "무슨 일이 생겨서 일을 하지 못하게 되면 어떻게 하나요?"라는 질문을 자주 받는다. 회사에 다니고 있다면 사고로 크게 다치거나 정신적인 어려움을 겪었을 때 치료비나 일부 급여를 받으며 휴직할 수 있다. 회사 생활에서는 이런 점이 매우 크게 느껴지기 마련이다.

잠시만 생각해보면, 정신질환이 생겼을 때 회사가 보상해준다는 말은, 다시 말해 회사에 그런 일이 발생할 가능성이 있다는 뜻이기도 하다. 플러스냐 마이너스냐를 따지자면, 이것은 압도적인 마이너스다. 금전적인 보상이 있다고 해도 건강을 되찾을 수 있다는 보장은 없고, 회복까지는 시간이 걸린다. 결국 무엇을 위한 보상인지 의문이 들 수밖에 없다.

생업식 생활에서는 '건강 증진'이 가장 중요하다. 건강을 잃지 않는다는 사실 자체가 개인의 '비즈니스 모델' 안에 포함되어 있어, 처음부터 스스로의 의지로 건강을 해칠 위험을 낮추는 것이 가능하다. 반대로 말하자면, 앞서 언급한 임대료 부담이 큰 장사를 자력으로 해보려 하면 건강을 우선시하기 어렵다. 그래서 이는 생업이 되기보다는, 어느 정도 위험을 감수하면서 조직적으로 운영해야 하는 일이 된다. 같은 자영업이라도 이 지점은 커다란 분기점이 된다. 생업을 시작할 때 반드시 유의해야 하는 부분이다.

어느 쪽을 선택하든, 제도나 보험에 시간과 비용을 들이기보다는 태극권처럼 스스로 건강을 유지할 수 있는 방법을 익히는 편이 삶에 훨씬 도움이 된다. 보험이 있다 해도 병에 걸리면 즐겁지는 않다. 막상 병이 생기고 나서야 "차라리 보험료를 건강 유지에 썼더라면" 하고 후회하기 마련이다. 현대인은 스스로 해야 할 일은 하지 않은 채 제도나 보험에 기대어 안심하려는 경향이 있다. 그러나 무엇보다 우선해야 할 일은 스스로 병에 걸리지 않도록 애쓰는 일이다.

그럼에도 걱정이 된다면, 만약의 상황을 대비해 적은 비용으로 생활할 수 있는 공간을 확보하거나, 보험에 가입해두는 것도 하나의 방법이다. 사실 보험보다는, 힘든 상황이 닥쳤을 때 "먹여주겠다"고 말하는 농사짓는 친구를 만드는 것이 더 큰 의미가 있다. 아무리 조심해도 건강이 불안하다면, 그때 가서 생명보험에 가입해도 늦지 않다. 그건 맨 마지막 선택지로 남겨두면 된다.

누군가로부터 "형편이 어려워지면 내가 먹여줄게"라는 말을 듣고 싶다면, 자신도 누군가에게 "이 친구가 어려워지면 내가 돕겠다"고 말할 수 있어야 한다. 그러기 위해서는 '동료'를 만들어야 한다. 단순한 만남이나 파티 자리에서 아는 사람을 많이 만든다고 동료가 생기는 것은 아니다. 그런 의미에서 생업은 동료를 만들기에 좋은 방식이다.

생업이 될 만한 일들은, 예를 들어 손님이 직접 집을 짓는 것을 도와주는 워크숍처럼, 단순한 서비스 제공이 아니라 자립 능력을 키우는 일이다. 이런 일은 손님을 서비스에 의존하게 만들지 않고, 오히려 동료로 만들어가기에 적합하다. 다만 화려하기보다는 소박한 일이 많다.

생업은 생계를 꾸려가는 일이기도 하므로, 보험 같은 제도보다도 더 든든한 안심을 줄 수 있다.

많은 연금을 받거나 1억 엔 정도의 자산이 있어야 노후가 안정된다는 통념도 다시 생각해볼 필요가 있다. '1억 엔'이라는 금액은 고액의 치료비와 여가비용을 전제로, 아무런 활동도 하지 않고 사회와 연결되지 않은 채 살아간다는 가정 아래 산출된 수치다. 하지만 병원만 드나들고 외식과 여행 외에 다른 선택지가 없는 생활은 겉으로는 안정적일 수 있어도, 충실감이나 깊은 우정은 생기기 어렵다. 1980년대의 버블이 이를 증명하고 있다.

물론, 후원하듯 돈을 쓰는 습관이 몸에 배어 있다면 나름 즐거울 수 있다. 하지만 그런 삶을 위해서도 결국은 적은 지출로 살아가는 능력, 정신적 여유를 갖추는 것이 먼저다.

자금 여유가 있는 사람조차도, 그 돈이 사라질지도 모른다는 두려움에 흔들리는 경우가 많다. 저축이 없는 대신 매달 10만 엔의 수입과 5만 엔의 지출로 5만 엔씩 저축하는 시골 생활을 하는 사람과, 2000만 엔의 저축은 있지만 수입 없이 매달 5만 엔을 써야 하는 사람 중 어느 쪽이 더 여유가 있을까? 당연히 전자다.

'수전노(守錢奴)'라는 말이 괜히 생긴 게 아니다. 사람은 돈을 지키려 들면 지나치게 방어적으로 변한다. 물론 공격적으로 살 필요는 없지만, 완전 자급자족이라는 최후의 방어 수단이 없다면, 언제든 공격적인 태세로 전환할 수 있다는 준비를 해두는 것이 마음의 여유로 이어진다.

연 수입이 1000만 엔이어도, 생활 수준이 지나치게 높아 지출을 통제하지 못해 여유가 없는 사람도 많다. 생활의 여유는 수입의 크기가 아니라, 지출을 어떻게 관리하느냐에 달려 있다.

결국 사람은 나이를 먹으며 적은 비용으로 생활을 유지하는 다양한 방법을 익히게 된다. 그렇다면 무엇이든 돈이 든다는 전제를 버리고, 절약을 즐기고 소규모 수입을 꾸준히 벌 수 있는 방법을 찾아보자. 여유가 생긴다면 다음 세대를 위한 후원자가 되어보는 것도 의미 있다. 돈에 대해서는 그 정도의 여유를 갖는 것이 중요하다.

'금전만능주의'도 불필요한 생각이지만, '돈은 더러운 것'이라는 편견도 경계해야 한다. 비용을 줄이는 방법이나 바람직한 소비 방법을 찾아, 돈과 적절한 거리를 유지하는 감각을 기르는 것이 필요하다.

나는 건강을 위해 공중목욕탕이 있는 곳에 살면서, 매일 목욕 후 스모 선수처럼 다리를 높이 들어 지면을 밟는 동작으로 다리와 허리를 단련한다. 컨디션이 좋지 않을 땐 태극권을 한다. 가능하다면 매일 아침 하고 싶다. 고액의 생명보험에는 가입하지 않았다. 대신 전설의 라멘가게인 '라멘지로' 가까이에는 가지 않으려 한다. 혼자 다닐 땐 에스컬레이터 대신 계단을 이용한다. 불필요한 술자리도 피한다.

여기 쓴 내용들을 그대로 따를 필요는 없다. 다만 생업식 생활을 하려면, 자신만의 방식으로 적은 비용으로 살아가는 방법과 안전망을 미리 고민해두는 것이 좋다.

이 장에서는 생업식 생활을 위해 먼저 지출을 줄이고 통제하는 법을 익히는 것이 중요하다는 이야기를 했다. 이 점만 잘 실천해도 생활의 안정성이 크게 높아진다.

한 예로, 어느 날 광고대행사에 다니던 K씨가 '생업을 만들자' 워크숍에 참가한 적이 있다. 밤늦게까지 일하며 스트레스에 시달리던 K씨는, 워크숍을 통해 지출을 줄이는 방법을 배우고 실천하면서 이전에는 생각지 못했던 방식으로 물건을 나누고, 필요할 때 얻는 삶의 방식을 받아들였다. 이후 다시 만난 K씨는 마치 다른 사람처럼 밝아져 있었다. 회사를 그만두고 비영리재단에서 일하며 세계 각지에 다양한 분야의 친구들을 사귀었다.

나 역시 회사원 시절, 바쁜 업무 탓에 집에서 밥을 해먹지도 못하고 친구를 사귈 여유도 없었기에, 생활을 돌아보는 것만으로도 얼마나 큰 변화가 생길 수 있는지 잘 알고 있다. 그럼에도 K씨의 변화는 무척 인상적이었다.

현대 사회, 특히 도시는 '소비의 장'이다. 어떻게 하면 소비하게 만들 수 있을지를 놓고 밤낮없이 연구가 이어지고 있다. 아무 생각 없이 지내다 보면 어느새 지출이 늘고, 그 지출이 하나하나 삶을 구속한다. 생활은 팍팍한데도 집 안은 물건으로 가득 찬다. 돈 주고 샀기에 물건을 내놓는 것이 어려워지기 때문이다.

산문의 매력

먹는 인간
헨미 요 저
박성민 역

'먹다'라는 주제로 '생(生)의 근원'을
탐구한 고품격 에세이

★ 예스24 올해의책
★ 국립중앙도서관 사서추천도서
★ 조선일보 여름휴가 권장도서

흙을 먹는 나날
미즈카미 쓰토무 저
지비원 역

땅과도, 풀과도 무연해진 현대인의 미각을
향긋한 흙내 나는 이야기로 깨운
요리 에세이의 명저

★ 인디고서원 추천도서
★ 책씨앗 이달의 주목도서

평균의 마음
이수은 지음

우리 시대의 키워드를 실마리 삼아
고전에서 인간의 마음, 보편성의 세계 탐구

★ 소설가 김영하 크리스마스 추천도서
★ 교보문고 올해의책 ★ 책씨앗 선정도서

너는
나의 그림책
황유진 지음

그림책이 선사한 행복을
아이들과 오래오래 간직하는 법

★ 아침독서 추천도서

어른의 그림책
황유진 지음

그림책테라피스트가 다양한 어른들과
진행해온 '그림책 함께 읽기' 이야기

★ 아침독서 추천도서

이토록
명랑한 교실
주효림 지음

특수학급 아이들의 흐뭇한 성장 이야기

★ (출협)올해의청소년도서 ★ 책씨앗 선정도서
★ 아침독서, 어린이도서연구회 추천도서

나와 사회

우리 일의 미래

김봉찬·박진영·손희정·임소연·
장일호·한미화 저

#출판 #언론 #페미니즘 #과학 #생태환경
#조경정원 전문가 6인의 전환기적 통찰이
담긴 지적 연대의 기록
★ 서울국제도서전 〈여름, 첫 책〉

손쉬운 해결책

제시 싱걸 저
신해경 역

자존감, 그릿, 넛지, 긍정심리학 등
현대 심리학의 초대형 히트 상품
8가지를 전방위적으로 비평한 책
★ 인디고서원 추천도서

여자는 체력

박은지 지음

나이와 체중, 통증에 관한 통념에
휘둘리지 않고 내 몸에 집중하는 법

나는 멜버른의 케어러(출간 예정)

루아나 지음

호주 멜버른에서 요양보호사이자
장애 지원사로 일하는 한국계 이민자의
돌봄 노동 이야기

최후의 바키타

위고 클레망 저, 도미니크 메르
무-뱅상 라발레크 그림

유럽, 멕시코, 아프리카, 인도네시아,
북극까지 이어진 탐사 여정을 통해
21세기 생태 문제의 핵심을 파고든
역작 그래픽노블

★ 책씨앗 이달의주목신간
★ 환경정의 추천 환경책
★ 이달의 출판만화
★ 올해의 청소년 교양도서 우수선정도서

작고 소박한 나만의 생업 만들기

이토 히로시 저
지비원 역

"어떤 일을 시작할까, 확신을 갖지 못해
망설이는 당신에게"
–정지혜(사적인 서점 대표)

가난뱅이 자립 대작전

마쓰모토 하지메 저
장주원 역

『가난뱅이의 역습』의 마쓰모토 하지메가
20년간 갈고닦은 자립의 필살기

메멘토문고/나의독법

저자의 관점과 시각이 뚜렷이 드러나는 인문, 사회, 예술 에세이 시리즈로 분야별 논쟁적인 주제, 정전 혹은 고전 다시 읽기를 다룹니다.

01
왜 읽을 수 없는가
지비원 지음

인문학자들의 문장을 돌아보며
어떤 글이 독자와 저자를 연결하는
좋은 글인지 탐구한 책

04
로맨스 영화를 읽다
김호빈 지음

영화사에 빛나는 로맨스 작품
19편으로 읽는 사랑의 인문학

02
현대 한국어로 철학하기
신우승·김은정·이승택 지음

철학적 개념들을 현대 한국어로
좀 더 정확하게 담기 위한 시도

★ 한국출판문화진흥원, 국립중앙도서관 추천도서
★ 책씨앗 이달의주목신간

05
우리 안의 인종주의
정혜실 지음

이주 인권 현장에서 목격한
한국 사회의 인종, 젠더, 계급 차별 이야기

06
손상된 행성에서 더 나은 파국을 상상하기
손희정 지음

포스트·트랜스 휴머니즘, 신유물론,
급진적 돌봄 같은 최신 담론을 친숙한
대중 텍스트와 교차시켜 완성한
손희정표(標) 문화비평

03
여자에게 어울리는 장르, 추리소설
김용언 지음

19세기 말부터 1970년대까지
여성의 관점에서 새롭게 읽은
추리소설 독서록

말과 글, 그리고 나를 위한 공부

어른을 위한 국어 수업
노야 시게키 저
지비원 역

일상을 바꾸고 싶은 어른을 위한
언어생활 훈련서

★ 책씨앗 이달의주목신간

나의 외국어 학습기
김태완 지음

『책문』의 저자 김태완이 안내하는
읽기와 번역을 위한 한문·중국어·
일본어 공부법

독해력 수업
이누즈카 미와 저
지비원 역

독해력의 모든 것에 관해
아주 명쾌하게 설명한 책

★ 경상남도교육청 추천도서

좋은 산문의 길, 스타일
F. L. 루카스 저
이은경 역

글쓰기 분야에서 가장 권위 있는 책 중
하나. 좋은 산문을 알아보고 직접
쓸 수 있도록 안내하는 지침서

일단, 오늘 1시간만 공부해봅시다
양승진 지음

시작이 어려운 이들을 위한
1일 공부 실천법

★ 출판문화산업진흥원 추천도서
★ 강릉시립도서관 추천도서

사람의 씨앗
전호근 지음

고전학자 전호근이 쓴, 짧지만 깊은
여운을 주는 100여 편의 에세이

논어 (양장본)
황희경 옮기고 씀

고전학자 황희경이 인문적 교양의 깊이를
더해 내놓은 새로운 『논어』 읽기

청소년과 함께 읽는 책 / '역사에서 걸어 나온 사람들' 시리즈

열네 살에 읽는 사기열전
전호근 지음

고전학자 전호근이 청소년의 눈높이로
번역, 해설한 『사기열전』
★ 국립어린이청소년도서관 추천도서

01
마지막 문장
안소영 지음

최치원이 해인사에서 보낸 말년,
구례 선비 황현의 마지막 삼 일
★ 책씨앗, 도깨비책방 선정도서

열일곱 살에 읽는 맹자
김태진 지음

나무의 성장에 빗대 설명한
'맹자'의 인성론, 수양론, 정치론
★ (출협)올해의청소년도서 ★ 세종도서 교양부문

02
당신에게로
안소영 지음

혼백이 되어 비로소
남편 이황에게 전하는 권씨 부인의 마음
★ 학교도서관저널, 아침독서 추천도서

정여울의 문학 멘토링
(개정증보판)
정여울 지음

상징, 아이러니, 시간, 공간, 트라우마 등
20가지 키워드로 문학 읽는 법
★ 서울시, 전라북도 교육청 추천도서

03
아버지의 특별한 딸
박정애 지음

혜경궁 홍씨의 일생과
18세기 조선사를 톺아본 역사교양서
★ 아침독서 추천도서

상상하면 더 재미있는 물리 이야기
고타니 다로 감수, 지비원 역

가전, 기술, 스포츠, 우주, SF의 세계를
지배하는 물리법칙은? 직관적인 삽화로
한눈에 이해하는 물리학의 세계
★ 학교도서관저널 추천 이달의 새 책

04
폼나게 글 쓰는 법
설흔 지음

글을 잘 쓰고 싶었던 소년 만주가 벌인
우스고, 처절하고, 슬픈 일들
★ 아침독서, 인디고서원 추천도서

대표도서

한국 철학사 (보급판)
전호근 지음

한국 지성사를 관통하는 35인의 삶과
사상을 통해 한국 철학사를 재조명한 책

★ 교보문고/한경 대학생 권장도서
★ 문화일보 올해의책   ★ 우수편집도서상

회계는 어떻게
역사를 지배해왔는가
제이컵 솔 저
정해영 역

권력과 문명의 흥망성쇠에서
회계가 한 역할을 밝혀낸 역작

★ 조선일보 휴가철 추천도서
★ 인베스토피아 '최고의 경제학 책'

글쓰기의 최전선 (개정판)
은유 지음

'삶의 옹호로서 글쓰기'를 말하는
에세이스트 은유의 글쓰기론

★ 예스24, 〈시사IN〉, 조선일보 올해의저자
★ 교보문고 〈지금 꼭 읽어야 할 책〉 선정

미래를
먼저 경험했습니다
김영화 지음

울산에 정착한 아프간 난민 157명과
그들을 이웃으로 받아들인 사람들의 이야기

★ 문재인 전 대통령 추천도서
★ 국제앰네스티 추천 인권도서
★ 성북구 '비문학 한 책' 최종후보도서
★ 14회 협성독서왕 독서공모전 지정도서

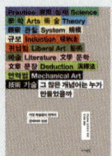
그 많은 개념어는
누가 만들었을까
야마모토 다카미쓰 저
지비원 역

150여 년 전 '철학, 예술, 과학' 같은
근대어가 만들어지는 과정 추적

★ 세종도서 학술부문
★ 한국출판문화상 번역부문 본상
★ 출판인이 뽑은 올해의 번역서(〈시사IN〉)

정상은 없다
로이 리처드 그린커 저
정해영 역

'정상성'의 논리를 격파하면서 정신질환과
장애에 대한 이해와 공감을 이끌어낸 책

★ 조선, 경향, 문화, 동아일보 올해의책

지적 삶을 위한 교양

철학자 김진영의 전복적 소설 읽기
김진영 지음

『아침의 피아노』의 철학자
김진영의 세계문학 강의록
★ 중소출판사 창작지원 선정도서

나의 첫 논어 공부
김태진 지음

초심자를 위해 『논어』를
차분하고 친절하게 풀어 설명한 책
★ 학교도서관저널, 서울시교육청 추천도서

한국사 영화관
- 전근대
김정미 지음

18편의 영화로 삼국, 고려, 조선사의
주요 맥락을 살펴본 역사교양서
★ 국립중앙도서관 사서추천도서

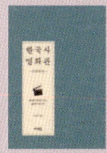

한국사 영화관
- 근현대
김정미 지음

근현대 배경 영화 18편을 중심으로
20세기 한국사를 읽어내다
★ 국립중앙도서관 사서추천도서

지知의 관객 만들기
아즈마 히로키 저
지비원 역

새로운 지적(知的) 공간을 구축하겠다는
목표로 냉혹한 비즈니스의 세계에 뛰어든
어느 철학자의 좌충우돌 경영 분투기

나를 위한 현대철학 사용법
다카다 아키노리 저
지비원 역

현대철학을 무기로 막돼먹은 세계에서
나를 온전히 지키는 법

길 위의 우리 철학
한국철학사상연구소 지음

열세 가지 삶으로 떠나는
한국 현대철학 기행
★ 중소출판사 창작지원 선정도서

잊힌 전사들(출간 예정)
세라 퍼시 저
정해영 역

여성과 전쟁의 관계에 대한
우리의 편견을 완전히 바꾸어놓을
탁월하고 도발적인 역사서

메멘토

나와 우리의 삶을 위한 지식교양
2013~2025

블로그
mementopub.tistory.com

인스타그램
@memento_publishing_co

전자우편
memento@mementopub.kr

하지만 K씨처럼 나누기 시작하면, 받는 법도 자연스럽게 익히고, 진정으로 갖고 싶은 것을 얻는 방법도 보인다. 다소 추상적인 이야기일 수 있지만, '우리는 물건을 소유하는 것이 아니라 잠시 빌리고 있다'는 관점을 갖는다면, 조금은 더 자유로워질 수 있다.

다음 장에서는 마침내, 하면 할수록 건강해지고 동료도 생기는 생업 만들기의 구체적인 방법에 대해 이야기하겠다.

생업 연습문제

(문제)

학생 시절에 살았던 동네가 좋아서 도쿄로 취직한 뒤에도 가끔 놀러가고 싶은데, 점점 묵을 만한 친구가 줄어들고 있습니다. 호텔에 머무르는 건 왠지 심심하게 느껴지고요. 좋은 방법이 없을까요?

(생업식 예시 답안)

함께 사용할 수 있는 별장을 마련해보는 건 어떨까요?

(생업식 해설)

어느 동네든 운치는 있지만 실제로 살기에는 다소 불편해서 인기가 없는 집들이 있습니다. 그런 집을 저렴하게 임대해 별장으로 꾸미는 건 어떨까요? 물론 일반적인 별장처럼 만들면 비용만 많이 들 수 있습니다. 그래서 별장을 갖고 싶어 하는 분들을 모아 공동으로 사용하는 형태로 운영하면 부담을 나눌 수 있습니다.

또한 별장이 비어 있을 때는 손님에게 빌려주는 것도 한 방법입니다. 단, 일반적인 숙박업 형태가 아니라, 일 단위 임대 방식으로 계약을 맺으시면 됩니다. 식사는 따로 제공하지 않으셔도 괜찮습니다. 손님이 오지 않으면 어쩌나 걱정되나요? 손님이 오지 않아도 큰 지장이 없도록 임대료를 설정해두시면 됩니다.

최근에는 에어비앤비 같은 숙소 공유 사이트도 인기를 끌고 있으니, 별장의 사진을 잘 찍고 소개글을 함께 올리면 손님을 맞을 기회가 생길지도 모릅니다.

이런 집들은 대개 오랫동안 비어 있었기 때문에 수리가 필요한 부분이 많습니다. 그럴 땐 직접 수리에 나서보는 것도 좋습니다. 집을 손보는 방법을 익힐 수 있는 좋은 기회이기도 하니까요. 즐겁게 머무를 수 있는 공간이 되도록 가능한 한 스스로 고쳐보기 바랍니다.

만약 적절한 강사만 섭외할 수 있다면, 본격적인 집수리 강좌를 기획해보는 것도 좋겠네요. 이것도 하나의 작은 생업이 될 수 있지 않을까요?

> 생업식 응용

교토에 있는 독채 임대 숙소 '고킨엔'은 학생 시절 살았던 교토에 들를 때마다 머무를 곳이 마땅치 않아 시작하게 되었습니다. 집을 찾는 일은 마치 사람을 만나는 것과 같아서, 사람들에게 직접 물어보거나 일반적으로는 잘 다루지 않는 매물을 취급하는 부동산에 가서 상담을 받아보는 등 다양한 경로로 알아볼 필요가 있습니다. 그렇게 해서 일반적인 주택과는 다른, 지하실이 딸린 단독주택을 찾았고 마침 근처에 유명한 공중목욕탕도 있었습니다.

처음에는 열다섯 명이 함께 사용하는 공동 별장으로 시작했지만, 의외로 교토에 자주 오지 않게 되면서 점점 탈퇴하는 사람들이 생겨났습니다. 무슨 일이든 처음 계획한 대로 흘러가지 않는다는 점은 언제나 염두에 두어야 합니다.

현재는 세 명이 주요 멤버로 남아 있고, 여행객에게도 임대할 수 있는 방법을 찾아보고 있습니다. 가족 단위로 한 달 정도 교토에 체류할 때 이용하거나, 스무 명 정도 모일 수 있는 공간을 활용해 여행자들이 소규모 이벤트를 열고, 그 입장료 수입으로 숙박비 일부를 충당할 수 있도록 하고 있습니다. 얼마 전에는 고킨엔에서 젊은 천문학회 회원들이 출장 겸 숙박을 하면서 우주를 주제로 한 문화행사를 열기도 했습니다. 저도 가끔 이곳에 머물고 있습니다.

고킨엔은 제가 하고 있는 생업 중에서도 진입 장벽이 비교적 높고 임대료 부담도 있는 일에 속합니다. 하지만 이곳을 수리하면서 맹장지 바르기, 주방 설비 설치, 마루 깔기, 콘크리트 블록 담 해체 등의 기술을 익힐 수 있었습니다. 생업을 하다 보면 이렇게 앞으로도 계속 써먹을 수 있는 기술을 자연스럽게 익히게 됩니다.

제 3 장

생업을 만들자

생업 만들기 훈련 1, 미래 예측

이제 생업이 어떤 것인지 대강 알게 되었으리라 생각한다. 그렇다면 구체적으로 어떻게 생업을 만들면 좋을까? 이것 역시 매일 훈련하는 것에서부터 시작한다. 급할수록 돌아가라는 말처럼 말이다.

생업을 만들기 위한 기초 훈련은 크게 두 가지로 나눌 수 있다. 첫 번째는 '미래를 내다보는 것', 두 번째는 '일상생활에서 어딘가 어색하거나 자연스럽지 못하다고 느끼는 부분을 찾아내는 것'이다.

첫 번째 훈련인 '미래를 내다보는 것'은 연역적 방법에 해당하며, 장래희망을 써보는 것처럼 누구나 한 번쯤 해본 고전적인 방식이다. 다만 장래희망이라는 표현은 너무 막연하므로, 조금 더 구체적으로 적는 것이 좋다.

내가 이 방법을 처음 시도한 것은 고등학교 졸업 후 1년간 재수하던 시기였다. 스프링노트의 표지 뒷면에 대학생이 되면 하고 싶은 일을 가능한 한 많이 적었다. 실제로 실현한 일도 있고 전혀 시도하지 못한 일도 있지만, 일단 적다 보면 '아, 내가 이런 것들을 생각하고 있었구나' 하고 다시 확인할 수 있다. 그렇게 적어두면, 이후에는 노트에 쓴 내용과 관련된 정보를 뇌가 알아서 모으기 시작한다.

이런 방식으로 자기 하고 싶은 일에 대한 정보를 갖고 있는 사람을 우연히 만나면, 직감적으로 그에게 질문을 던지게 된다. 물론 빗나갈 수도 있지만, 어떤 식으로든 행동으로 이어진다. 자기 나름대로 미래를 내다보는 훈련은 매우 유용하다. 노트 표지 뒷면에 적는 메모는, 곧 대학 생활 4년 동안 무엇을 할 수 있을까라는 '미래를 내다보는 행위'이기도 하다.

미래 예측은 과학 연구에서도 흔히 쓰이는 방법이다. 이른바 '작업가설'이라고 불리는 접근법이다. 예컨대 '우주는 이렇게 시작되었을 것이다', '이 생물의 구조는 이렇게 되어 있을 것이다' 같은 가설을 세우고, 그 가설이 옳은지 실험과 조사를 통해 검증한다. 가설 없이 무턱대고 실험에 나서면 좋은 결과를 내기 어렵다. 하나의 작업가설을 세우고 나면 관련 있는 실험을 반복하면서 조금씩 진실에 가까워질 수 있다.

다만, 작업가설은 어디까지나 가설일 뿐이므로 너무 얽매이지 않는 편이 좋다. 실험에 따라 부정되는 경우도 많다. 그럴 때는 다시 고쳐 세우면 된다. 자신이 세운 가설에 집착하다 보면, 존재하지도 않는 유적을 상상으로 조작하거나 날조할 위험도 생긴다.

나는 평소에 '별 쓸모없는 것'이나 '이런 게 있으면 좋겠다' 싶은 아이디어를 떠오르는 대로 적는 훈련을 한다. 포스트잇에 써서 벽에 붙여두고 바라보다가 비슷한 것끼리 분류한다. 낙서하듯 적어두었다가 나중에 정리해도 괜찮다. 중요한 점은 가볍게 접근하는 것이다. 너무 무거운 주제를 다루거나, 일에 치여 다급한 상황에서는 좋은 아이디어가 잘 떠오르지 않는다. 가볍게 술을 마시며 해도 좋고, 온천이 있는 여관에서 해보는 것도 재미있다. 단, 회의실에서 하는 건 권하지 않는다. 일상의 틀에서 벗어나지 못해 평범한 생각만 떠오르기 때문이다.

최근 나는 '스모 선수들이 하는 다리를 높이 들었다가 지면을 내리치는 동작이 일본 고유의 신체 단련법으로서 일부 사람들 사이에서 유행할 것'이라는 예측을 해보았다. 물론 이 역시 작업가설이므로 들어맞지 않아도 상관없다. 하지만 이런 가설을 세워두면, 해당 동작이 단순한 근육 트레이닝이 아니라 몸 안쪽 근육을 단련해 부상을 예방하는 데 효과적이라는 식의 관련 정보들이 눈에 들어온다. 아무 생각 없이 지내면 그런 정보를 보아도 금세 잊는다. 관련 정보를 기억에 새기면 자신의 생활과 생업 만들기에 유용하게 쓸 수 있다.

또 일상에서 잠시 떨어져 생각하는 것은, 뇌를 쉬게 하면서 장기적인 안목을 기르는 데도 도움이 된다. 발밑만 보고 걷다 보면 돌부리에 걸리기 마련이니, 때때로 멀리 바라보는 일도 필요하다.

게다가 이러한 예측은 의외로 잘 맞아떨어지기도 한다. 나는 2003년, 대학생 시절에 '훈도시(남성의 음부를 가리기 위한 폭이 좁고 긴 천—옮긴이)가 유행할 것'이라고 말했다가 패션 업계 사람에게 비웃음을 산 적이 있다. 그런데 2008년, 속옷 브랜드 와코루에서 여성용 훈도시를 개발했다. 2009년 무렵 '생업 만들기' 참가자 중에는 '긴쓰기(金継ぎ: 갈라지거나 깨진 도기를 옻으로 붙인 뒤 갈라진 부분을 금으로 장식하는 수리 방법)'에 주목한 사람도 있었는데, 2012년에는 '긴쓰기의 밤'이라는 이

벤트가 신문 기사에 실렸다. 또 2011년 2월에는 '원자력 발전소가 없어질 것'이라고 예측한 사람도 있었다. 이렇게 예측이 맞아떨어지면 자신감이 생기고, 그것이 다시 행동력으로 이어진다. 틀려도 상관없다.

SF를 구상해보는 것도 흥미로운 훈련이 된다. SF 애니메이션에 나왔던 도구들이 실제로 구현된 사례도 꽤 많다. 〈신세기 에반게리온〉에서는 지금의 아이패드 같은 기기를 이용해 수업을 받지 않았던가? 여러분도 선배들의 지혜를 참고해 자신만의 방식으로 미래 예측을 시도해보라. 예언자 복장으로 모여서 각자 다양한 예측을 발표하는 정기 모임을 여는 것도 재미있을 것이다. 이런 모임은 얼마나 즐겁게 운영할 수 있느냐가 관건이다. 재미가 없다면 바쁜 일상을 제쳐두고 굳이 실천하려 하지 않을 것이기 때문이다.

꼭 '이런 방식이어야만 한다'는 규칙은 없다. 자기 눈과 귀, 혹은 피부로 '뭔가 벌어질 듯한' 것을 감지하는 감각을 기르는 것이 하나의 훈련이다. 그러려면 여유가 필요하다. 정신적 여유, 시간적 여유, 체력적 여유. 그런 여유를 갖기 위해서는, 계속 반복하지만, 고정비를 줄인 생활이 필수다. 전력을 다하지 않고도 이것저것 해결할 수 있어야 한다. 왜냐하면 '전력을 다한다'는 말은 일종의 사고 정지를 의미하기 때문이다. 가끔은 괜찮지만, 매일 피곤에 지칠 정도로 힘을 다 쏟으면 한 발 물러서서 사물을 바라보며 생각할 힘조차 남지 않는다. 그건 매우 위험한 상태다.

미래 예측 삼단계 훈련법

미래 예측을 어떻게 생업 만들기와 연결시킬 수 있을지 구체적으로 생각해보자.

가령, '훈도시가 유행할 것'이라고 예상한다면 무엇을 하면 좋을지를 떠올려보는 것이 첫 번째 단계다. 직접 훈도시를 만들어보아도 좋다. 자기가 만든 것이 볼품없어도 상관없다. 솜씨의 좋고 나쁨은 중요하지 않다. 만드는 것 말고도 할 수 있는 일이 다양하기 때문이다.

개점휴업 상태인 전국의 훈도시 공방을 찾아 훈도시 편집숍을 열어도 좋다(임대료는 들겠지만). 또는 훈도시 정도는 각자 만들어 쓰자는 취지로 제작법을 책으로 정리해 판매할 수도 있다. 독학이 어려우니 함께 모여 훈도시를 만드는 모임을 기획하고, 참가비를 받는 방식도 가능하다. 아니면 전국의 훈도시 관련 정보를 모아 회보를 내고, 월 회비를 받아 정기적으로 발행하는 방안도 있다.

이렇게 훈도시 하나만으로도 다양한 형태의 생업이 가능하다. 어느 것이 실현될지는 알 수 없지만, 제품을 만드는 일만이 사업이 아니라는 점을 짚어두고 싶다.

또 생업에 어울리는 여러 방법도 고민해볼 수 있다. '가게를 여는' 방식처럼 임대료 등 고정비용이 드는 방법이 아닌 방식도 고려해야 한다.

가능한 방법을 몇 가지 떠올려볼 수 있지만, 먼저 자기가 직접 훈도시를 만들어보아야 한다. 직접 사용해보고 '좋다'는 느낌이 들지 않으면 친구나 다른 사람에게 자신 있게 권하기 어렵다. 그렇다면 생업으로 삼기 힘들다.

두 번째 단계는, 자신이 생각한 일이 어떤 가치를 갖고 있는지 고민하는 것이다. 훈도시의 경우는 다음과 같은 방식으로 정리할 수 있다.

<u>만든다</u>⇒쓸모 있는 물건을 만들어 공급한다. 다른 사람을 대신해 만든다. 다른 사람은 만들기 어려운 멋진 디자인을 제공한다.
<u>판매한다</u>⇒사람들 대신 좋은 물건을 골라 운반한다.
<u>책을 낸다</u>⇒제작 방법을 연구하여 누구나 만들 수 있도록 정리한다.
<u>매체를 운영한다</u>⇒정보를 모아 공유하고, 같은 취미를 가진 사람들끼리 정보 교환의 장을 만든다(단, 웹매거진 등은 다른 일과 연계하여야 하므로 단독으로는 생업이 되기 어려울 수도 있다).
<u>워크숍을 기획하고 운영한다</u>⇒사람들이 모여 기술을 익힐 수 있는 장소와 기회를 만든다.
<u>재료를 만든다</u>⇒훈도시에 적합한 천을 만들어 훈도시 제작 환경을 정비한다.

이처럼 자기가 생각한 생업 아이디어가 본질적으로 어떤 의

미를 갖는지 검토하는 것이 두 번째 단계다. 이 과정을 통해 서비스를 받는 사람, 곧 손님의 입장에서 생각할 수 있다.

첫 번째 단계에서 떠올린 '만들어서 판다'는 것만으로는 본질적인 요소를 놓치기 쉽다. 생업의 의미를 검토하는 두번째 단계를 거쳐야 비로소 무엇에 집중해야 하는지를 명확히 알 수 있다.

예를 들어, '만든다'가 다른 사람은 만들 수 없는 뛰어난 물건을 제공한다는 의미를 갖는다면, 주력해야 할 부분이 분명해진다. '대량생산품과는 달라야 한다', '다른 사람과 똑같은 것은 만들지 않아야 한다', '쉽게 구할 수 없는 소재를 사용하고 싶다' 같은 생업의 조건도 함께 보인다.

그다음, 자신이 가진 기술 중 어떤 것이 강점인지 파악하고 아이디어를 선택하면 된다. 나는 글쓰기가 가능했기 때문에 '매체 운영'이 적합하다고 생각했지만, 이 방식은 생업이 되기 어렵다고 판단해 '워크숍 기획과 운영'을 택했다.

사람은 무엇이든 다 잘할 수는 없다. 그래서 자신의 특기를 살리고 싶어지지만, 그것만을 고집하면 선택지가 지나치게 좁아진다. 잘하는 것에만 집착하다 실패하지 않도록 유의하면서, 차분히 검토해나가자. 이 검토를 거치면 생업으로 이어질 수 있는지 없는지 파악하기 쉬워진다.

지방에서 종종 화제가 되는 '특산품 개발'의 경우를 살펴보자. 특산품을 제조, 판매한다: 관광 기념이나 선물로 적합한 물건이 되어야 한다. 기념품이라면 해당 지역에서만 구할 수 있는 독특한 것이어야 하지만, 먹거리라면 다음과 같은 조건도 갖추어야 한다. '독특하지만 맛있어야 한다', '너무 희귀하면 평소에 먹기 어렵고, 공급량에도 한계가 생긴다', '관광객이 쉽게 구매할 수 있어야 한다' 이렇게 조건들을 따지다 보면, 일본인은 점차 소식(小食)을 지향하는 추세이므로 '반드시 먹고 싶어야만 팔릴 것'이라는 점을 알 수 있다.

먹거리가 아닌 다른 물건도 마찬가지다. 요즘 집에는 이미 물건이 넘쳐나기 때문에 웬만큼 좋아서는 주목을 받기 어렵다. 이러한 두 번째 단계를 거치면, '특산품이 아니더라도 정말 맛있는 것', '그 지역 분위기를 느낄 수 있고, 집에 가져가 사용하고 싶어질 만큼 훌륭한 것' 등을 목표로 삼아야 한다는 결론에 도달한다. 그저 멋진 포장만으로는 충분하지 않다는 사실도 알게 된다.

세 번째 단계는, 자신이 선택한 생업의 가치가 실현된다는 증거를 모으는 작업이다. 훈도시를 예로 들면, 디자인도 훌륭하고 착용감도 좋은 훈도시를 만들었다고 하자. 자기가 입어봐도 만족스럽다면, 다음으로는 다른 사람에게 이 훈도시가 필요하다고 느끼게 만드는 일이 필요하다. 이때는 근거가 있어야 한다. 문자 메시지나 소셜 미디어에 '멋있다'거나 '좋으니 사보라'고 말하는 것만으로는 설득력이 없다. 받는 사람은 그 훈도시의 장점을 알 수 없기 때문이다.

근거는 어렵지 않게 마련할 수 있다. 대표적인 것이 사용 후기다. 사용자 평가 이전에, 훈도시를 멋지게 촬영한 사진도 좋은 근거가 될 수 있다. 그 외에 훈도시의 착용감을 조사한 자료, 역사적 배경, 훈도시의 장점 등을 설명하는 글도 도움이 된다. 아직 일반적인 속옷은 아니므로, 훈도시 자체의 매력을 먼저 설득력 있게 보여주는 것이 중요하다.

'왜 이 사람이 만든 훈도시가 뛰어난가'를 알게 하면 금상첨화다. 훈도시를 만들게 된 경위, 진지한 동기, 과정을 솔직하게 풀어내는 것도 신뢰감을 높이는 데 효과적이다. 만약 부모님이 훈도시 공방을 운영하고 있었다면, '창업 300년의 신뢰와 성과' 같은 이야기도 좋은 근거가 된다.

이렇게 다양한 아이디어가 자연스럽게 떠오를 수 있다면 멋지다. 이를 위해서는 평소의 쇼핑조차도 습관적으로 하기보다는 하나의 훈련으로 삼아, 물건을 살지 말지를 신중히 판단해보는 연습이 필요하다.

이처럼 세 번째 단계까지 마쳤다면 생업 만들기의 준비는 일단 끝난 셈이다. 이제 실행 단계로 접어들 수 있다. 물론 실행에는 실행대로 다양한 난관이 기다리고 있다. 하지만 이 세 단계의 과정을 온전히 밟아낸 것만으로도 생업 만들기의 첫 시험대를 통과했다고 할 수 있다.

지금까지 정리한 것이 생업 만들기의 기본적인 방법 가운데 하나다.

생업 만들기 훈련 2, 발밑을 보라

생업 만들기 두 번째 방법인 '일상생활에서 어딘지 이상하거나 자연스럽지 못하다고 느끼는 부분을 찾는다'는 말은, 바꾸어 말하면 '발밑을 보라'는 뜻이다. 이 방법은 미래를 상상하기 어려운 사람들에게 적합하다. 사소한 것을 포함해 일상생활에서 자연스럽지 못하다고 느끼는 점들을 발견하고, 그것을 생업의 실마리로 삼는 귀납적인 접근이다. 예를 들어, '왜 쓰레기가 이렇게 많을까?' 같은 큰 문제부터, '즉시 써먹을 수 있는 능력을 갖춘 훌륭한 인재란 어떤 사람일까?', '회사 회식은 정말 필요한가?', '대학 등록금이 너무 비싼 것 같다', '대학 4년은 너무 길다', '좀 더 깔끔하다면 이 목욕탕도 자주 이용할 텐데', '왜 큰 행사가 있으면 호텔 요금이 올라갈까?' 같은 일상의 의문을 가능한 한 많이 찾아본다.

이와는 조금 다른 방식으로 '왜?'라는 질문을 던지는 사고법이 있지만, 이는 기존의 틀 안에서만 생각하게 만드는 경향이 있다. 생업식 사고방식으로는 '왜'보다는 '원래'를 염두에 두고 의문을 탐색하는 편이 더 적절하다. 예컨대 '왜 자동차가 안 팔리는가?'보다는 '원래 자동차가 이렇게 많이 필요할까?', '어떻게 하면 꿈에 그리는 내 집을 마련할까?'보다는 '원래 주택 대출이 꼭 필요할까?'를 고민하는 식이다.

'목조 교사(校舍) 웨딩'은 이런 사고방식에서 나온 생업이다. '많은 비용을 들이지 않고도 멋진 결혼식을 할 수 있지 않을까?'라는 의문에서 출발했다. 기존의 대형 서비스 산업도 처음에는 의외로 이런 작은 계기에서 시작된 경우가 많다. 그때그때 가능한 일을 하다가 그중 하나가 맞아떨어지면, 나중에는 '이러이러한 비전을 갖고 성공했습니다'라는 식으로 이야기되는 경우가 많다. 어쩌면 이 두 번째 방법이 더 강력한 힘을 발휘할지도 모른다.

'대학 등록금이 너무 비싸다'는 생각이 들었다면, '원래 대학 건물이나 교수는 꼭 필요하지 않다. 각 분야에서 실제로 활동하고 있는 전문가를 1년에 3주 정도 초빙하는 것만으로 충분하다. 나머지 시간은 학생들이 각자 좋아하는 활동을 실제로 해보면서 배우면 된다'는 발상도 가능하다. 연간 등록금이 100만 엔이라면, 절반은 집중 강의 수업료로 쓰고, 나머지 절반은 세계를 여행하거나 무언가를 배우고 만들어보는 활동비로 자유롭게 사용하는 대학도 상상할 수 있다.

이런 방식으로 생업의 실마리를 찾았다면, 다음에는 첫 번째 방법에서 이야기한 세 가지 단계를 밟으면 된다. 즉 미래 예측을 통해 나만의 생업을 구상하고, 내가 생각해낸 일의 가치를 고민하며, 그것이 실제로 가치 있음을 입증할 수 있는 근거를 찾는 것이다. 미래 예측과 발밑을 보는 훈련을 평소에 짬짬이 해두면, 생업의 실마리를 발견하는 감각이 점점 자란다.

이러한 감각은 날마다의 훈련과 시행착오 속에서 길러지지, 단번에 생기지 않는다. '한 번 알고 나면 끝'인 것도 아니다. 따라서 처음에는 실패해도 괜찮다. 단지 노하우를 수집하는 데만 집중하다 보면, 계속 새로운 노하우만 좇게 되고, 결국에는 아무런 변화도 일어나지 않고 피로만 쌓일 것이다.

처음에는 대체로 잘되지 않지만, 시행착오를 거치는 동안 점점 나아진다는 전제를 이해하는 것이 중요하다.

난처함이 종종 일의 실마리가 된다

지금까지는 생업의 실마리를 찾는 훈련에 관해 이야기했다. 이제 좀 더 구체적인 예를 들어보자. 1999년에 개봉한 영화 〈매트릭스〉가 있다. 이 영화에 관한 에피소드를 통해, 생업의 실마리는 아주 작은 것에서 시작될 수 있다는 사실을 말하고자 한다.

〈매트릭스〉는 근미래를 배경으로 한 SF 영화이며, 키아누 리브스라는 배우가 구세주 역할을 맡았다. 그는 검은 롱코트를 입고 등장하는데, 그 옷이 참 잘 어울렸다. 여기서 생업적 사고에서 중요한 지점은 '좋아, 나도 롱코트를 입어야지'가 아니다. 키아누 리브스와는 전혀 다른 체형을 가진 내가 어떻게 하면 좋을지를 생각해야 한다. 출발점이 다르기 때문에 당연히 접근 방식도 달라야 한다.

나는 롱코트에 맞서려면 기모노를 입는 수밖에 없다는 결론에 도달했다. 하지만 기모노를 가지고 있지 않았고, 새로 산다면 수십만 엔은 들 것이었다. 꽤 난처한 상황이다. 바로 이 지점이 중요하다. 난처함 속에 생업의 실마리가 숨어 있다.

우선 몇 가지 조사를 해본다. 새 기모노는 비싸지만, 중고 기모노는 골동품 박람회 같은 데 가면 저렴하게 구할 수 있다. 그러니 일단 골동품 박람회에 가보는 것이 좋겠다. 한 벌 사서 입어보면 된다. 실제로 입어보니 꽤 반응이 좋았다. 그러던 중 사람들로부터 '이런 중고 기모노는 어디서 살 수 있느냐'는 질문을 듣는 상황이 생긴다면, 골동품 박람회에서 괜찮은 물건을 골라 사람들에게 판매하는 방식도 가능해진다. 이것이 점점 발전하면 생업이 될 수 있다.

난처함 속에는 분명 생업의 실마리가 존재한다. 어떤 난처한 상황이라도 하나하나 들여다보면 반드시 길이 있다. 그 문제를 해결할 수 있다면, 크든 작든 자신의 생업이 될 가능성이 생긴다.

계속해서 강조하듯이, 기존과는 다른 방법을 생각해보는 것이 무엇보다 중요하다.

찾지 말고 만들어보자

나는 열아홉 살 때 키아누 리브스에게 받은 충격을 계기로, 대학에 다니면서 '항상 기모노를 입어야만 키아누 리브스에게 맞설 수 있다'고 생각하게 되었다. 그 결과 기모노 벼룩시장을 열고, 개량 기모노를 개발하여 갤러리에서 전시하고 판매하는 동아리를 만들기도 했다. 예전부터 환경 문제에 관심이 있었던 나는, 기후에 가장 알맞은 옷을 입는다면 냉난방에 과도하게 의존하지 않고도 살아갈 수 있으리라 생각했고, 이것이 이런 활동의 배경이 되었다.

기모노를 평상복으로 입고 다니며 사람들에게 웃음거리가 되기도 했고, 갸루(영어의 girl에서 온 말로 구릿빛에 가깝게 화장을 하고 눈매를 강조하며 탈색 등 화려한 헤어스타일을 하는 독특한 패션을 추구하는 젊은 여성을 가리킨다—옮긴이) 스타일의 여대생들에게 긴다이치 고스케(일본의 추리소설 작가 요코미조 세이시의 작품에 등장하는 사립 탐정. 늘 등산모자나 중절모를 쓰고 홑옷에 기모노 위에 입는 짧은 겉옷인 하오리 차림을 하고 다닌 것으로 묘사된다—옮긴이)냐는 놀림을 받기도 했다. 하지만 응원해주는 사람도 많았다. 기획한 일을 직접 실행에 옮기면서 서툴긴 했지만, 상품을 개발하고 시험적으로 판매해보는 소중한 경험을 할 수 있었다.

이런 활동을 하게 된 계기는 모두 영화 〈매트릭스〉 덕분이었다. 아무리 사소한 일이라도 생업을 만드는 출발점이 될 수 있다. 일상 속에는 이런 실마리가 얼마든지 널려 있다.

나는 벼룩시장에 가서 인기는 없지만 입기에 괜찮은 기모노를 찾고, 사람들에게 파는 일을 생업의 연습이라고 생각하며 실제로 해보았다. 이 기모노 장사는 친구들을 상대로 했기 때문에 값을 많이 깎아주기도 했고, 물건을 고르느라 들인 시간까지 고려하면 시급으로는 300엔 정도에 불과했다. 그럼에도 멋진 디자인의 기모노를 썩히지 않고, 입을 사람에게 전달함으로써 '일이 되고' '하나의 가치를 만들어낸다'는 것을 체감할 수 있었고, 이는 훌륭한 훈련이 되었다.

한 개인이 자기가 책임지고 장사를 하는 것은 예로부터 인간의 기본적인 활동이었다. 그러나 나는 열아홉 해를 살아오면서 이런 경험을 거의 해보지 못했다는 사실을, 중고 기모노 장사를 통해서야 비로소 알게 되었다. 단순히 시급만 따지면 일반 아르바이트가 나을 수도 있다. 그러나 시급을 조금이라도 더 주는 아르바이트를 찾는 것과, 자신이 책임지고 가격을 정하며 물건을 공급해보는 체험은 전혀 차원이 다르다. 그것은 마치 배트를 휘두르는 연습과 실제 시합만큼이나 큰 차이가 있다.

우리는 자영업, 즉 스스로 일을 만들어내는 방식을 충분히 다뤄보지도 못한 채 갑자기 축구 경기장에 나가게 된 셈이다. 오늘날 많은 현대인이 회사 생활이 힘들어도 그만두지 못한 채 어쩔 수 없이 살아가며 건강까지 해치는 모습을 옛사람들이 본다면, '왜 스스로 일을 만들어내지 않을까?'라며 놀랄지도 모른다.

한때 투잡이나 부업이 유행하면서 무언가 사업을 시도했다가 잘되지 않아 '역시 장사는 어려워'라고 말하는 사람도 있을 것이다. 하지만 나는 그것이 전부는 아니라고 생각한다. 연습을 하지 않으면 시합에서 이길 수 없는 것은 당연하다. 그러므로 우선은 공을 다루는 것부터 시작해야 한다.

'레버리지 효과'나 '지금 이걸 하면 성공한다'는 식으로 쉽게 성공할 수 있을 것 같은 이미지를 주는 책이나 정보보다, 겉보기에는 소박해 보일지라도 실제적인 '훈련'이 훨씬 중요하다. 일단 해보면 어떤 정보가 필요한지 저절로 알게 된다. 그다음에 책을 읽는 정도면 충분하다. 다음 장에서 더 자세히 설명하겠지만, '뭐든 좋으니 스스로 서비스를 생각하고 누군가에게 제공해보는 것'을 하면서 시행착오를 겪으면 된다. 중고 기모노를 팔아도 좋고, 구두를 닦아도 된다(덧붙이자면 구두 닦이는 꽤 괜찮은 일이 될 수 있다).

참고로, '인기 있는 자격증'을 따기 위한 공부는 그다지 권하고 싶지 않다. 인기 있다는 것은 그만큼 경쟁이 치열하다는 의미이기도 하다. 게다가 자격증이란 '누구나 같은 일을 할 수 있다'는 것을 증명해주는 것이다. 많은 사람이 같은 일을 하는 업계는 결국 전투적인 사람들의 전쟁터나 다름없다.

관성 너머, 아마추어의 상상력으로

'프로'가 전업으로 해서 오히려 재미가 없어지는 일을 찾는 것도 생업의 실마리를 발견하는 하나의 방법이다.

결혼식 업계를 예로 들어보자. 전문 예식장과 피로연장이 있고, 웨딩플래너도 있으며 전문 사회자도 있다. 오늘날의 결혼식은 과거 이웃 사람들이 모여 치르던 소박한 결혼식보다 훨씬 화려해졌다. 그러나 그만큼 즐거워졌는지는 의문이다. 하객들은 분 단위로 짜인 스케줄에 따라 움직여야 하고, 어느 곳에서나 비슷한 연출이 반복된다. 특히 신랑 신부와 여유 있게 이야기를 나눌 틈이 없다는 점이 아쉽다. 운이 나빠 같은 피로연장을 또 방문하게 될 경우 '슬슬 커튼이 열리겠구나' 싶은 순간, 정말로 커튼이 열리는 기시감 넘치는 장면을 마주하는 경우도 드물지 않다. 예산은 100만 엔에서 300만 엔이 든다. 그런데도 신랑 신부는 좌석 배치만 한다. 도대체 누구를 위한 결혼식인가?

물론 웨딩플래너가 제 할 일을 하지 않는 것은 아니다. 피로연장은 언제나 예약이 꽉 차 있어 고객의 요구를 수용하면서도 회전율을 높여야 한다. 그 때문에 다양한 연출은 어렵고, 시간에 맞춰 진행을 마무리할 수 있는 전문 사회자가 꼭 필요하다.

예식장 운영에도 비용이 드므로 신랑 신부 소개 영상을

제작하는 데 십수만 엔의 옵션 비용이 붙는다. 꽃장식을 외부에서 반입하면 이익이 줄어드니까 외부 반입료를 따로 받기도 한다. 실수라도 했다가는 항의가 빗발친다. 웨딩플래너의 스트레스도 상당할 것이다. 이 모든 것은 결혼식이 전업화된 데서 비롯한 모순이라고 볼 수 있다.

결혼식을 1년에 한두 번만 치르고, 그것도 여러 생업 중 하나로서 정직하게 운영한다면 어떨까? 좌석 배치도 신랑 신부에게 떠넘기지 않고, 서로의 실수를 감싸주며 준비하면 훨씬 즐거운 시간이 될 것이다. 취지를 잘 이해하는 디자이너에게 청첩장 디자인을 의뢰하거나, 영상을 만드는 친구가 있다면 신랑 신부 소개 영상을 부탁할 수도 있다. 그런 사람이 없다면 무리하게 영상을 만들지 않아도 괜찮다. 신랑 신부에게 맞는 형식으로 결혼식을 구성할 수 있을 것이다.

물론 전혀 관계없는 타인을 위해 이러한 일을 해주는 사람이 바로 '전문가'이다. 그러나 전문가가 개개인의 상황에 맞춰 서비스를 제공하려면 요금이 비쌀 수밖에 없다. 그래서 현재의 웨딩 비즈니스는 패턴화에 집중한다. 사업상의 합리적인 전략인 것이다.

하지만 나와 같이하는 사람들은 웨딩 사업을 생업으로 삼고 있다. 일 년에 한두 번만 잘 맞는 사람의 예식을 맡는다면 그리 어려운 일은 아니다. 사실, 정말 잘 맞는 사람은 1년에 한두 명 만나기도 어렵다. 그렇기에 이들과 결혼식 내용을 짜는 일은 즐거운 이벤트가 된다. 어른들이 참여하는 학예회 같은 느낌일 수도 있다. 전적으로 즐거움을 추구하는 행사로 만들 수 있다는 뜻이다.

이런 방식에서는 '전문가'가 절대 흉내 낼 수 없는, 의무를 넘어서는 노력과 아이디어가 자연스럽게 생겨난다. 현대 미술계에서도 "아마추어의 발상이 가장 흥미롭고, 전문가가 되면 관성에 빠진다. 아마추어의 발상에서 계속 힌트를 얻는 작가가 오래 살아남는다"라는 말이 있다. 매우 중요한 점을 시사하는 말이다.

물론 실제로 웨딩 사업을 해보면 일인 만큼 힘든 점도 많다. 하지만 실력도 좋고 성격도 잘 맞는 디자이너 친구를 찾아낼 수도 있고, 결혼식을 계기로 사이가 좋아질 수도 있다. 잘 맞는 디자이너가 만든 청첩장은 기존의 규격화된 샘플과는 다른 개성을 갖는다. 디자인 작업에서는 의뢰자와 디자이너 사이의 소통이 매우 중요하다. 생업 방식으로 함께 일하면 이 소통이 자연스럽게 이루어진다.

생업을 통해 함께 무언가를 하다 보면 사람 사이가 더 좋아지는 경우가 많다. 물론 반대로 사이가 나빠질 수도 있지만, 인연이 아니라고 생각하면 된다. 무엇인가를 같이 해보지 않으면 그냥 아는 사이로만 남게 되고, 그 이상의 관계로 발전하지 못한다. 사람들은 버블 경제 시대를 거치며, 아무것도 하지 않고는 사람 사이가 좋아지기 어렵다는 사실을 깨닫게 되었다. 소비를 통해 맺어진 우정은 없을 것이다. 만약 있었다면 아마 영화로 만들어졌을지도 모른다. 반대로 전쟁은 뜨거운 우정을 묘사하는 주요 소재로 자주 선택된다. 함께 고생하면 우정이 깊어지기 때문이다(물론 전쟁까지 할 필요는 없다).

생업은 주변 사람들과 함께하는 것이 목적이고, 불특정 다수를 대상으로 하지 않기 때문에 격렬한 경쟁이 없다. 많아야 반 대항 이어달리기 수준의 경쟁이므로 사람 사이가 좋아지기 좋은 조건이기도 하다. 교내 반 대항 경기에서는 우정이 싹트기도 하지만, 전제 군주제 아래의 권력 투쟁에서 우정이 생겼다는 이야기는 별로 들어본 적이 없다.

결혼식 답례품을 자신이 주목하는 젊은 작가에게 의뢰하는 것도 생업을 통해 동료를 늘리는 좋은 방법이다. 즐거운 행사를 함께 체험하고, 그 과정에서 동료가 늘어나는 것은 생업만의 특권이다. 소중한 답례품을 아무 인연도 없는 외국산 제품 카탈로그에서 고른다면, 그 기회를 헛되이 흘려보내는 것이 아닐까?

생업 연습문제

[문제]

웹사이트를 갱신할 때마다 일일이 다른 사람에게 부탁하는 것은 낭비 같습니다. 사진을 바꾸거나 글을 수정하는 정도는 혼자서 할 수 있으면 좋겠는데요, 학원 같은 곳에 다니는 게 좋을까요?

[생업식 예시 답안]

굳이 학원에 다닐 필요는 없습니다. 대신, 가까운 곳에서 가르쳐줄 수 있는 사람을 찾아보세요.

[생업식 해설]

분야에 따라 다르겠지만, 학원 강의는 많은 사람을 한자리에 모아 진행하면서도 수강료가 비싼 경우가 많습니다. 학원도 하나의 비즈니스이기 때문에, 강의 공간과 설비를 마련하는 데 드는 비용까지 고려하면 비쌀 수밖에 없습니다. 그렇다고 책으로 독학을 하자니 무엇부터 시작해야 할지 막막하게 느껴질 때도 있습니다.

그럴 때는 웹사이트를 만들 수 있는 친구에게 직접 배우는 것도 좋은 방법입니다. 시간도 훨씬 절약되고, 가르쳐주는 친구에게 직접 수고비를 줄 수도 있습니다.

모든 학원이 그렇지는 않지만, 실제 현장에서 바로 도움이 되는 수업은 의외로 드문 편입니다. 그러니 자신이 배우고자 하는 분야를 잘 알고 있는 사람을 찾아 직접 배우는 편이 더 확실합니다. 건물이나 설비 사용료에 돈을 쓰지 않아도 되고, 도움을 주는 분에게 성의 있게 보답할 수 있다는 점에서도 좋습니다.

[생업식 응용]

내가 처음으로 한 생업인 '몽골 진짜배기 생활체험 캠프' 사이트는, 캠프의 취지에 공감하는 사람들에게만 신청을 받고 싶어서 웹사이트에 방문한 사람들이 지루하게 느낄 만큼 긴 글을 올렸습니다. 그러면서 여러 번 글을 다시 쓰게 되었고, 그때마다 사이트도 함께 수정해야 했어요. 수정할 때마다 웹디자이너에게 메일을 보내는 것이 번거롭고, 자꾸 부탁하는 것도 미안해서 HTML 정도는 스스로 익혀 직접 수정하기로 마음먹었습니다.

하지만 관련 지식이 전혀 없던 터라 책을 읽어도 어디서부터 공부를 시작해야 할지 감이 잡히지 않았고, 독학은 효율이 정말 떨어졌습니다. 그래서 간단한 웹사이트 정도는 만들 수 있다는 젊은 웹디자이너를 찾아가, 직접 가르쳐달라고 부탁했습니다. 일종의 웹디자인 과외 선생님이 되어준 셈이죠.

실제로 작업을 하는 사람에게 직접 배우면 꼭 필요한 내용을 빠르게 익힐 수 있습니다. 그리고 그 디자이너에게는 이후 새로운 사이트를 만들 때 의뢰하며 계속 함께 작업하고 있습니다.

　이런 인연이야말로 참 소중하다는 생각이 듭니다. '실제로 어떤 일을 실천하고 있는 사람에게 현장에서 직접 가르침을 받는 것이 빠르고 확실하다'는 생각은, '구마노 생활 방식 디자인 스쿨—시골에서 장작가마로 굽는 빵가게 열기'라는 생업에도 그대로 적용하고 있습니다.

제 4 장

생업을 해보자

"현장에 단서가 있다"

제3장에서 본 것처럼 단계를 거쳐 아이디어를 내면, 몇 가지 정도의 실마리로 생업의 형태를 만들 수 있다. 반드시 잘된다는 보장은 없지만, 테스트를 해보는 전 단계로서의 의미는 충분하다. 자기가 선택한 생업이 가치가 있다는 근거를 모으는 세 번째 단계까지 갔다면, 생업을 홍보하는 전단이나 웹사이트를 만들기에 충분하다. 또 친구에게 알기 쉽게 설명할 수도 있을 것이다. 모르는 사이에 꽤 진전을 이룬 셈이다.

이 단계까지 왔다면 만나는 사람들에게 "앞으로 이런 일을 하려고 하는데, 혹시 관심이 있으시면 꼭 한 번 찾아주시겠어요?"라고 권할 수 있다. 우선 여기서부터 시작한다. 실적이 없으면 세 번째 단계에서 말한 '근거'가 부족해지므로 우선 테스트를 해본다. 테스트가 끝나면 전단이나 웹사이트를 만들어도 괜찮다.

생업의 형태가 구체적으로 보이는 단계에 이르면, 일단 실행해보는 것이 빠르다. 정보를 모으고 시장조사며 사례를 정리해도 실행하지 않으면 결정타를 날리지 못한다. 새로운 생업을 만든다는 건 여태까지 체험하지 못했던 영역으로 뛰어드는 일이기 때문에, 다양한 2차 정보를 모아도 어느 것이 내게 참고가 될지 판단하기가 어렵다. 2차 정보를 제대로 활용하려면 즉각 테스트를 통해 직접적인 경험을 쌓아야 한다.

실행할 때는 정보를 잘 다루는 것이 중요하다. 정보는 정신에 필요한 음식이라고 생각하면 이해하기 쉽다. 좋은 음식도 너무 많이 먹으면 탈이 나므로, 약간 모자라게 먹는 것이 좋다. 상한 음식(악의적인 정보)을 먹어도 탈이 나고, 가공식품(2차 정보)만 먹으면 몸에 좋지 않다. 가끔은 날것을 먹어야 한다. 인간의 두뇌는 무척 뛰어나기 때문에 정보를 대량으로 섭취해도, 필요한 정보가 명확하다면 필요 없는 것들은 그냥 잊어버린다. 섭취가 곧 기억이라 생각하면 된다. 필요하지 않은 정보를 잔뜩 기억하면 정신 건강에 좋지 않다.

생업을 실천하는 사람들은 1차 정보를 얻고 나서야 2차 정보가 생긴다는 사실을 꼭 기억해야 한다. 나는 범죄드라마를 좋아하는데, "현장에 단서가 있다", "범인은 반드시 현장에 돌아온다"는 말을 기억해둘 필요가 있다. 현대 사회에는 정보가 넘치므로, 필요한 정보를 언제든 손에 넣을 수 있는 것처럼 보인다. 그러나 대부분의 정보는 누군가가 기록한 것을 다시 가공한 2차 정보다. 2차 정보는 제공자의 입장에서 해석한 것이거나 일부러 수정한 정보일지도 모른다. 정작 나 자신에게 필요한 부분이 없을 수도 있다. 그러므로 아무리 많이 모아도 "이게 사실일까?", "긍정적인 정보와 부정적인 정보가 있는데 어느 쪽이 옳을까?"라는 의문이 생기고, 좀처럼 확신이 생기지 않는다.

하지만 실물을 한 번 보고 잘 관찰하면 2차 정보의 내용을 그 배경까지 포함하여 잘 이해하게 된다. "이 사람은 이런 점에서 실패했기 때문에 부정적인 이야기를 많이 했구나",

"이 사람은 실제로 현장에 가지 않았기 때문에 이런 이야기를 하는구나" 등 각 정보가 나온 배경이 보인다. 그러면 참고할 만한지 그렇지 않은지, 참고한다면 어떤 방식으로 해야 할지도 파악할 수 있다.

 무엇보다도 직접 보고 체험한 1차 정보는 자기가 실감한 것이기 때문에 행동을 하게끔 만든다. 친구가 운영하고 있는 셰어하우스를 보고 나도 할 수 있을 듯한 기분이 드는 것처럼 말이다. 이렇게 이야기하면 하나하나 의식적으로 판단하는 것처럼 들릴 수 있지만, 1차 정보를 접하려는 노력을 계속하다 보면 직감력도 길러져서 일일이 생각하지 않아도 자연스럽게 행동하게 된다. 그야말로 모피어스가 네오에게 싸움을 가르치며 말한 "생각하지 마. 깨달아"(영화 〈매트릭스〉, 1999)라는 말의 경지다.

 1차 정보란 자신의 눈과 귀와 피부로 감지하고 관찰한 정보다. 산 정보라고도 부른다. 그러므로 생업에서는 산 정보, 자기 체험, 살아 있는 사람에게 직접 들은 이야기, 자연 그 자체, 사람들의 행동을 현장에서 보고 실제로 해보는 것을 중시한다. 나는 전문 연구자보다 현장에서 활동하고 있고, 정직한 마음을 가진 사람의 말을 신뢰한다. 물론 현장에서 활동하는 사람 가운데는 드물게 자기 경험만을 절대시하며 강요하는 사람도 있으므로 주의가 필요하다.

 1차 정보를 얻는 것은 생각보다 쉽지 않다. 실물을 볼 때도 멍하니 보기만 해서는 아무것도 남지 않는다. 식물을 볼 때, 카메라가 있는데도 굳이 스케치를 하는 건 스케치가 관찰력을 높여주기 때문이다. 나는 농학부에서 산림과학을 전공하면서 산에 다니며 메모를 하거나 식물을 스케치하며 이름을 외웠다. 사진을 찍으면 그만인데도 굳이 스케치와 메모를 한 것은 특징을 파악해야 제대로 그릴 수 있고 주의 깊게 관찰하는 눈을 기를 수 있어서였다.

누군가의 이야기를 들으러 갈 때도 이와 같다. '상대방이 감탄할 만한 질문을 한 가지는 꼭 한다'와 같은 자기 나름의 준비를 해야 한다. 막연히 이야기만 하면 얻는 것도 없고, 상대방도 다시 만나고 싶어 하지 않는다. 새로운 사람과의 만남은 생각 이상으로 긴장감 넘치는 한판 승부 같은 것이다. '일생에 단 한 번뿐인 인연[一期一会]'이라는 말처럼 말이다.

사람과의 만남에서는 살아 있는 사람에게 직접 이야기를 듣는 것이 중요하다. 그러므로 어떤 생업을 하고자 마음먹었다면, 사이트나 전단을 만들기 전에 가능한 한 빨리 친구나 지인들에게 상담하는 것이 좋다. 1차 정보가 가장 강력한 힘을 가지기 때문이다. 이 책도 초고가 완성되었을 때, 신뢰할 만한 친구들과 중국의 시골집 같은 요상한 분위기의 중화 요리집에서 비밀 회의를 열었고, 그 자리에서 나온 솔직한 의견과 아이디어를 책을 구성할 때 반영했다.

하지만 처음에는 되도록 긍정적인 의견을 들려줄 수 있는 사람과 만나길 바란다. 뭐든 부정적인 이야기만 하는 사람이 꽤 있다. 아무런 성과도 없는 단계에서 부정적인 이야기를 들으면, 대부분은 의욕이 꺾이기 쉽다. "이거 앞으로 잘 될까?" 싶은 시점에 "그런 게 팔릴 리가 없잖아", "별 의미도 없어 보이는데?", "이러이러한 일이 생기면 어쩔 거야?", "난 그런 데 돈 쓰지 않을 것 같아" 등의 말을 듣고도 의욕을 잃지 않는 사람은 거의 신에 가까운 생업 전문가일 것이다. 나는 안 산다, 너무 비싸다 같은 말만 반복하는 사람은 대개 남이 구상하는 생업 자체에 관심이 없다. 어떤 가격을 이야기해도 비싸다고만 말하니 참고가 되지 않는다.

자신의 적극성을 소중히 여겨야 한다. 현대 사회에서 돈보다 귀중한 자산은 의욕이다. 잘 안 되는 공공사업을 보면 쉽게 알 수 있다. 아무리 돈이 많아도, 할 마음이 없는 사람들이 모인 프로젝트는 안 굴러간다.

자신의 생업에 대해 우선 친구와 지인들에게 직접 알리는 활동을 한다. 하지만 몸은 하나뿐이라 이런 일을 대신해줄 분신이 필요할 때도 있다. 그것이 본래 광고의 역할이다. 안타깝게도 지난 40년 동안 광고 업계는 과장된 연출로 상품을 멋지게 보이게 만드는 데만 힘을 쏟아왔다. 말하자면 이미지에만 관심을 집중하도록 만든 것이다. 생업은 그런 광고가 필요한 상품과는 다르다.

생업을 홍보하는 전단은 어렵게 생각하지 말고 처음에는 손으로 써도 좋다. 어쨌든 내 분신이니까. 어쩌면 판화로 전단을 찍어서 한정된 몇몇 사람에게만 나눠주는 방식이 더 나을지도 모른다. 앞장에서 이야기한 생업 실천자의 사례처럼, 한 번 살아볼까 고민했던 산골 마을에 가서 자기가 할 수 있는 일을 적고 간단한 일러스트를 곁들인 손바닥만 한 전단을 나눠주는 것도 방법이다. 실제로 그는 그렇게 만든 전단 덕분에 풀베기, 전기미터기 검침, 목수 일, 농사일 등을 부탁받았고, 일 년 생활에 충분한 수입을 벌었다고 한다.

    이 사례는 시골에는 일자리가 없다는 상식을 단 한 장의 전단으로 깨뜨린 것이다. 물론 지역에 따라 다르지만, 일할 수 있는 젊은 사람이 없는 곳에서는 일을 맡기고 싶은 사람이 많다. 물론 이 방식은 정규 고용이 아니기 때문에 안정성은 떨어진다. 하지만 스스로 더 많은 일을 만들거나, 해볼 만한 일들을 조합한다면 생업적인 생활 방식을 구축하는 것도 그리 어렵지 않다.

    생업을 만드는 순서를 다시 한 번 정리하자. 우선 생업을 구상하고, 가까운 사람들에게 시험적으로 손님이 되어달라고 부탁하여 성과를 얻는다. 그다음, 그 성과를 여러 사람에게 이야기하면서 확실한 자신감을 얻고, 간단한 전단이나 웹사이트를 만들어 널리 알린다. 이 순서가 가장 적절하다.

적절한 가격의 기준

가격을 어떻게 정할지가 신경 쓰인다. 이럴 때는 앞으로 어떤 식으로 손님과 함께 내 생업을 키워갈까를 기준으로 삼으면 된다. 부자를 상대로 한다면 그에 걸맞은 가격을 정해야 할 것이고, 나와 같은 세대와 함께 생업을 키워가고 싶다면 그들이 지불할 수 있는 적절한 가격을 찾아야 한다. 또 일을 함께하는 동료들에게 적절한 몫이 돌아가도록 하는 것 역시 중요하다.

단, 생업식 생활을 추구하는 사람은 기본적으로 사람이 좋기 때문에(곧 전투적이지 않은 사람) 돈을 받는 것에 저항감을 느끼는 경우가 많다. 그래서 내 경험에 따르면, 자기가 생각하는 가격보다 조금 높게 매기는 것이 적절하다. 늘 예기치 못한 비용이 들기에 너무 빠듯하게 가격을 정하면 처음에는 괜찮을지 몰라도, 계속해나갈 수 있는 시스템을 만들 여유가 생기지 않는다.

생업에 관심을 가질 만한 사람은 책정한 가격보다 더 많은 비용이 들어가는 창의적인 생각에도 도전하는 법이다. 그러니 초보자라 해서 너무 겸손하게 가격을 낮출 필요는 없다. 여유가 생기지 않는다면 생업을 지속할 의욕을 잃게 되고, 그러면 결과적으로 사회에도 손해다.

가격은 각자 자유롭게 매긴다. 생업 초보자는 '돈을 받으려면 이 정도는 해야 한다'며 완성도를 중시하는 경향에 빠지기 쉬운데, 그렇게 되면 아무리 시간이 흘러도 생업을 시작하기 어렵다.

극단적으로 말하면, 어설프더라도 뛰어난 착안으로 여태까지 없었던 것을 제공하는 서비스가, 완성도는 높지만 흔한 서비스보다 나을 때도 있다. 일본에서는 회사로부터 돈과 일을 제공받는 데 익숙해진 나머지, 일이란 '아귀가 딱 맞게끔 형식을 갖추는 것이 중요하며, 실수가 없다면 더욱 좋다'라는 상식이 생겨났다. 하지만 '아귀가 딱 맞게끔' 한다고 해서 그것이 일에 있어 본질적인 사항은 아니다.

굳이 그렇게 하지 않아도 되는데 엑셀이나 파워포인트로 자료를 만들어 시간을 낭비하는 경우가 많다. 제 역할만 다한다면 메모장도 괜찮고, 직접 그린 일러스트를 가지고 슬라이드 쇼를 하는 쪽이 이해하기 쉬운 때도 있다. 그런데도 많은 사람이 엑셀이나 파워포인트를 써야만 완성도가 높다고 생각하고, 그런 도구를 사용하지 않는 작업은 내용도 제대로 보지 않고 일단 안 된다고 평가하는 경우가 적지 않다. 이런 평가는 많은 사람의 생각에 영향을 미치기에, 누군가 뛰어난 착안을 통해 일을 만들고자 할 때 발목을 잡는다.

쓸데없는 형식에 사로잡히거나 기존의 가치관을 따를 필요는 없다. 그런 경향이 지나치면 '사업을 하려면 반드시 법인을 만들어야 한다', '사무실을 차려야만 한다', '복사기를 사야만 한다' 등 무의미한 상식의 노예가 되기 쉽다. 처음에는 사무실 없이 집에서 해도 괜찮다. 그러다 집이 좁아지면 셰어오피스 같은 곳을 빌리면 된다.

또 '돈을 받으려면 이 정도는 해야 한다'는 생각은 종종 생업을 하는 당사자가 아닌 다른 사람들이 부담을 주기 때문에 생겨난다. 게다가 그런 부담을 주는 사람은 자기가 일을 만들어본 적이 없는 경우가 많다. 이런 점도 주의해야 한다. 자기 힘으로 일을 만들어본 적이 없는 사람은 미지의 영역에 뛰어들고자 하는 사람을 별로 곱게 보지 않는다. 그런 시선에 주눅들 필요는 없다. 불만이 있을 때에는 전액 환불해준다는 규정을 만들면 되기 때문이다.

우선은 실제로 도전해보는 것이 중요하다.

플랫폼을 내 편으로

내가 처음으로 만든 생업은 '몽골 진짜배기 생활체험 캠프'였다. '캠프'라는 이름이 붙어 있기는 하지만, 실제로는 현지에서 모여도 되는 워크숍으로, 여행사가 판매하는 상품과는 다르다. 이 일을 시작하기 위해 여행사에서 일한 경험도 없었다. 생업을 시작하기 전에 회사 같은 곳에서 반드시 일을 배워야 할 필요는 없다. 다양한 체험을 하다 보면 자신도 모르게 경험이 쌓이고, 그것들을 조합하면 충분하기 때문이다.

여행사에 들어간다고 해도 이 생업에 직접적으로 도움이 되지 않을뿐더러, 오히려 여행 업계의 관행에 익숙해지는 등 단점이 더 많을지도 모른다. 일본 여행업계에서는 호텔이나 기념품 가게에서 소개료를 받아 이익을 얻는 투어가 일반화되어 있는데, 이런 문제 많은 업계의 관행은 참고하지 않는 편이 낫다. 좋지 않은 관행에는 반드시 위험이 따르므로 경계할 필요가 있다. 경험을 쌓는 게 중요하다는 이야기는 흔하지만, 회사에 다니면 매일 그 회사의 상식을 접하면서 방심하고 결국 감각이 무뎌진다는 점을 잊어서는 안 된다.

몽골 캠프를 생업으로 만들게 된 계기는 대학 시절에 해마다 몽골에 자원봉사를 다녀온 경험에서 비롯됐다. 당시 알게 된 몽골의 지인이 여행자용 캠프를 운영하고 있었는데, 좋은 사람이었음에도 손님이 없어 힘들어했다. 그를 도와주고 싶다는 마음이 생업의 출발점이 되었다.

당시 나는 참여하고 싶은 투어가 없었고, 기존의 투어는 일정이 너무 빡빡한 데다 관광명소를 기념도장 찍듯이 돌아다니는 식이라 불만이 많았다. 이건 여행이 아니라 단순한 이동에 불과하다는 생각이 들었고, 무엇보다도 나는 현지의 생활과 문화에 관심이 많아 관광지를 보는 것보다 유목민처럼 살아보고 싶었다. 하지만 어떻게 시작해야 할지 모른 채 대학을 졸업하고 말았다.

이처럼 불만이 쌓이면서도 무언가를 계속 생각하고 있었던 덕분에 생업의 준비가 되어 있었다고 생각한다. 투어에 담을 내용도 금세 결정할 수 있었다. 한 곳을 거점으로 삼고 거의 이동하지 않으면서 유목민의 생활을 직접 체험해보는 것이다. 이처럼 일반적인 투어가 아닌, 현지에서 모여도 괜찮은 몽골 유목민 워크숍으로 형태가 잡혀갔다.

이미 몇 차례 몽골에 다녀온 경험이 있었기에 큰 틀은 그려진 상태였지만, 이것을 실제로 실현하려면 어떻게 해야 할지가 문제였다. 구체적인 계획을 세워나가면서 무엇이 가능한지, 또 불가능한지를 파악하게 되었고, 협력해줄 여행사를 찾을 필요성도 느끼게 되었다. 현지에서는 말[馬]보다 도시에서 다니는 자동차가 더 위험하다는 등의 안전 주의사항도 알게 되었고, 나머지는 하나씩 해결해가면 되었다. 가장 큰 걱정은 역시 참가자를 모을 수 있을까 하는 것이었다.

이런 일은 직접 시도해보지 않으면 알 수 없다. 참가자가 없다면 하지 않으면 될 일이므로 재고를 떠안을 걱정도 없다.

생업을 처음 시작하는 사람이라면 가급적 재고가 남지 않는 일부터 시작해보는 것이 좋다.

참가자를 모으는 방법은 생업 초보자의 입장에서 보면 마땅한 정답이 없다. 당시 2007년에는 소셜 미디어로는 믹시(mixi) 정도만 있었고, 페이스북이나 트위터는 보편화되지 않은 시기였다. 그래서 관련 단체나 내가 다니던 교육원 홈페이지에 링크를 걸고, 블로그에도 공지를 올리고, 믹시에 커뮤니티를 만들어가며 할 수 있는 모든 방법을 동원했다. 한두 명씩 반응이 온 곳이 다섯 군데면 열 명 정도가 모인다. 그리 어려운 일은 아니다. 사람들에게 직접 말로 전하는 것도 한 번쯤은 꼭 해보는 것이 좋다. 직접 반응을 들을 수 있기 때문이다.

몽골 음식점에서 열린 송년회에서 간단한 설명회를 열기도 했다. 이 자리에서 즉시 참가 신청을 한 사람은 없었지만 꼭 가보고 싶다는 사람과 만나게 되었고, 초보자의 입장에서는 큰 힘이 되었다. 인터넷이 아무리 효율적이라 해도, 자기 생업을 사람들에게 직접 이야기할 기회를 갖는 건 좋은 경험이 된다. 이것은 적극 추천할 만한 방법이다.

지금은 생업을 지원하는 다양한 웹서비스가 존재한다. 페이팔 같은 저렴한 수수료의 결제 시스템, 엣시나 에어비앤비처럼 직접 만든 상품이나 빈 공간을 활용할 수 있는 플랫폼이 생겨나면서 생업을 하기에 훨씬 수월해졌다. 수수료가 3~15퍼센트 정도이고, 인프라도 잘 갖춰져 있어 개인이 자기 일을 시작할 기회를 얻게 되었다. 이렇게 세계화된 자본주의의 흐름 속에서 '생산수단의 사회화'가 자연스럽게 실현되고 있는지도 모른다.

'몽골 진짜배기 생활체험 캠프'는 좋은 사람을 돕고 싶다는 마음에서 출발했지만, 그 자체로 생업이 되었다. 일이란 스스로의 강한 의지에서 생기기도 하지만, 예상치 못한 계기로 우연히 만들어지는 경우도 많다. 중요한 건 그 우연한 계기를 받아들이는 유연함과 순발력이다. 큰 각오보다 일상에서 지치지 않는 삶을 유지하는 것이 생업을 지속하는 데 있어 훨씬 중요하다.

또 생업을 키워가는 과정에서는 참가자나 손님의 후기를 꼭 들어야 한다. 이는 다음 참가자에게도 좋은 참고가 되고, 나 자신이 의식하지 못한 생업의 특징을 발견할 수 있는 기회가 되기 때문이다. 참가자의 후기를 통해서 내가 만든 생업의 핵심이 무엇인지 비로소 명확히 드러날 때가 많다.

몽골 캠프 후기 중에 "참가자들이 다 재미있는 사람들이었다. 캠프 내용도 좋았지만, 그 점이 특히 기억에 남는다"는 내용이 있었다. 이를 통해 나는 '평소에는 만날 일이 없는 사람들이 우연히 몽골에 모여 체험한 것을 서로 깊이 나누는 것'이 내 생업의 특징임을 깨달았다. 이후 참가자가 다양하다는 장점을 내세우는 방향으로 캠프 홍보를 발전시켜나갔다.

전업의 함정에서 벗어나 내 생업 구상하기

지금까지 살펴본 생업식 생활은, 작고 다양한 일을 만들고 조합함으로써 생활 방식을 스스로 디자인하는 것이었다. 그러나 아직까지는 위험이 크고 실험적으로 보일 수 있다. 여기서 전업(한 가지 일)과 겸업(여러 가지 일)의 차이를 살펴보면, 사실은 전업 쪽이 훨씬 더 위험한 생활 방식이라는 걸 알 수 있다.

지금은 변화가 극심한 시대다. 경기 변동이나 기술 혁신에 따라 어떤 일은 일자리가 급격히 줄어들기도 하고, 심지어는 그 일이 흔적도 없이 사라지기도 한다. 2008년의 리먼 쇼크로 많은 회사가 무너졌고, 이는 다양한 분야에 영향을 끼쳤다. 당시 유럽에서는 패션 관련 일이 급격히 줄어들면서, 유럽의 패션 사진작가들이 일본까지 와서 일을 하기도 했다. 일본에서도 부동산 관련 회사의 채용이 취소되는 일이 있었다.

전업을 하면 이러한 돌발적인 사태에 대응하기 어렵다. 앞으로는 한 업계 전체가 무너질 가능성도 있다. 그렇게 되면 개인의 노력만으로는 어떻게 해볼 도리가 없다. 예컨대 SONY와 NEC(일본의 통신, 전자기기 종합회사—옮긴이)는 내가 대학생이던 2004년에는 인기 있는 기업의 대명사였지만, 2012년에는 수천 명을 정리해고하는 상황에 이르렀다. 나 역시 입사 지원했다가 떨어진 산요전기는 결국 합병되어 이름마저 사라졌고, 2004년 즈음에 인기를 끌었던 취업정보 업체

와이큐브 역시 2012년이 되자 존재하지 않게 되었다.

전업으로 한 회사에서 일하다 보면 다른 곳으로 이동하기가 쉽지 않아 변화에 적응하는 데 어려움을 겪는다. 특히 일본 기업에서는 그 회사에서만 통용되는 능력을 요구하는 경우가 많아, 한 회사에서 유능하다고 해서 다른 회사에서도 반드시 능력을 발휘할 수 있다고는 말할 수 없다. 그 결과, 자신의 일이 회사와 운명을 같이하게 되는 경우가 많다. 다시 말해, 회사가 잘되느냐 망하느냐에 따라 개인의 인생이 좌우되는 것이다. 이는 꽤 큰 위험 요소다. 대기업 직원은 머리도 좋고 유능하다는 인상이 있지만, 업계 변화나 회사 문제 앞에서는 개인의 노력만으로는 한계가 있다.

전업으로 일하면 한 가지 일에 집중해야 하기에 일을 얻기 위해 때로는 이상적이지 않은 방식도 감수해야 한다. 전업은 한 분야의 일로 생계를 유지해야 하므로, 이상(理想)을 추구하기 어려워진다. 이른바 '라이스워크' 문제다. 예를 들어 A라는 일의 크기를 10이라 본다면, 그 모두를 본질에 맞게 해내기는 어렵다. 그러다 보니 많은 부분을 생계를 위해 하게 된다. 그 폐해에 대해서는 반복하지 않겠다.

여러 가지 일을 한다면, A라는 일의 크기를 4로 줄여 그 본질을 추구할 수 있다. 물론 그 일만으로는 수입이 부족하겠지만, B라는 일을 4, C라는 일을 2의 비율로 조합하면 각 일의 본질에 집중할 수 있다. 가령, 저널리스트가 외부 압력에 굴하지 않고 당당히 보도하려면, 일거리를 받지 못하더라도 생활을 유지할 수 있는 일이 하나쯤은 있어야 가능하다.

제4장 생업을 해보자

전업이란 한 가지 작물에만 의존하는 농가와 같다. 작물 시세가 떨어지면 그 영향을 고스란히 받을뿐더러 흉작이 들면 내 먹을 것도 없어질 수 있다. 게다가 매일 같은 작물만 보고 있으면 지루하지 않을까? 역시 쌀농사도 하면서 밀이나 호박도 키우고, 때로는 낚시도 가는 편이 즐겁다. 몽골에서도 마찬가지다. 유목민들은 염소, 양, 소, 말, 낙타를 골고루 길러 왔다. 이것이 유목민 생활의 묘미이자 기술이다. 그런데 사회주의 시대에 효율화를 꾀하면서, 각 가정마다 양만 기르라든가 염소만 기르라는 식으로 분업을 강제한 결과, 유목의 묘미가 사라지고 다양한 동물을 함께 기르는 기술이 약화되고 말았다.

한 가지 일로만 생활비를 벌면, 다른 일에는 신경을 쓰지 못하거나 희생을 감수해야 할 수도 있다. 만약 쌀만 재배하는 농민이라면 쌀이 안 팔릴 때는 수입이 전혀 없으므로 헐값이라도 팔 수밖에 없다. 하지만 "그 가격에는 팔 수 없다!"라고 말할 수 있는 환경이 된다면, "그 대신 어려운 학생들에게 지원하겠다"고 할 수도 있다. 물론 무엇을 할지는 각자 스스로 궁리하기 나름이다.

여러 가지 일을 하는 것을 목표로 삼는 생업식 삶은, 생활과 관련된 다양한 서비스를 자급한다는 점에서 오히려 안정을 지향하는 생활 방식이라고 할 수 있다. 다양한 일을 한다는 것 자체는 지금까지 본 것처럼 전혀 새로운 일이 아니며, 옛날 일본에서는 오히려 당연한 일이었다. 내가 글을 썼던 『중간 현대농업』이라는 잡지에서도 2000년대 초부터 '여러 가지 일' 혹은 '일이면서 동시에 놀이이기도 한 일'—양봉이나 은어 낚시처럼 생활에 도움이 되지만 완전한 노동이라고는 할 수 없는 일—에 대해 꾸준히 이야기해왔다.

생업의 주된 목표는 '자기 힘으로 만들고, 무리 없는 규모로 운영하며, 하면 할수록 머리와 몸이 단련되고, 나아가 동료가 늘어나는 일'을 만드는 것이다. 무엇보다도, 무리해서 매출을 올리지 않는 것이 중요하다. 억지로 매출을 올리면 힘을 들이지 않을 때는 매출이 떨어진다. 맥이 빠진다. 다시 힘을 들인다. 그런데 운이 나빠 매출이 오르지 않으면 다시 맥이 빠진다. 좋은 게 하나도 없다.

마찬가지로 처음 도전할 때는 너무 구체적인 목표를 세우지 않는 것이 좋다. 계획대로 풀리지 않으면 기분만 가라앉고 부담이 커져서 스트레스를 받는다. 도대체 무엇을 위해 사는지 알 수 없게 될 것이다. '원대한 목표를 세우자!'며 직원들의 사기를 올리려는 경영자도 많지만, 직원들만 녹초가 되니까 말리고 싶다.

전업으로 일하고 싶어질 때도 있을 것이다. 하지만 원래 즐겁게 하던 일이, 어느새 하기 싫은 일이 될 수도 있다. 결국 매출을 올리는 것이 유일한 목적이 되어, 긍정적이지 못한 방향으로 흘러갈 위험도 있다.

'몽골 진짜배기 생활체험 캠프'도 1년에 두 번 정도 가기 때문에 즐겁게 계속할 수 있다. 이것을 전업으로 한다면, "매달 몽골에 가야 하나"라는 생각이 들면서 무리가 따를 것이

제4장 생업을 해보자

다. 질리기도 하고 체력적으로도 힘들며, 참가자를 많이 모아야 하므로 잘 맞지 않는 사람도 오게 되고 스트레스도 커진다. 별로 좋은 점이 없다. 전업화에 따른 부작용은 여러 분야에서 나타나는데, 앞서 언급한 결혼식 산업이 그 한 예다.

거꾸로 말하면, 전업화에 따른 부작용이 나타나는 분야가 많다는 것은, 그 분야에서 다양한 일을 하며 부작용을 줄일 수 있다면, 그것이 곧 생업이 될 수 있다는 뜻이다. 생업의 실마리는 얼마든지 존재한다.

다도(茶道)에는 전업으로 활동하는 프로도 있지만, 다도를 가르치며 생활비를 벌되, 차를 마시는 모임 자체로 수익을 얻는 경우는 드물다. 이는 진정한 '접대'는 전업으로 삼아 장사할 수 있는 성질이 아니라는 점을 보여주는 좋은 예다. 요즘은 전문가를 예찬하는 경향이 있지만, 전문가에게도 한계가 있다는 사실을 아는 것이 일을 객관적으로 파악하는 데 중요하다.

생업 만들기의 첫 단계로는, 먼저 지출이 큰 부분을 자급할 수 있는 방법이 없는지 살펴보고 실천해보는 것이 좋다. 그렇게 하면 자연스레 기술이 몸에 익는다. 가장 큰 지출은 보통 집세나 집값일 것이다. 그렇다면 훨씬 적은 비용으로 집을 짓는 기술을 익힌다면, 자신이 통제할 수 있는 서비스의 영역이 넓어진다.

물론 어떻게 집짓기를 시작해야 할지 막막할 수 있다. 하지만 모든 일은 그렇듯이, 처음부터 목표 지점에 도달할 수는 없다. 작게 나눠 하나씩 시도해보자. '마루 깔기'부터 시작해

보면 어떨까? 이 정도라면 할 수 있겠다는 생각이 들지도 모른다. 그런데 실제로 '마루를 깔 수 있느냐'는 질문에 '예!'라고 대답할 수 있는 사람은 얼마 되지 않을 것이다. 소셜 디자인이나 세계 동시 혁명, 노동의 본질 같은 어려운 문제를 고민하면서도, 정작 우리는 마루 하나 제대로 깔아본 적이 없다.

이래서는 곤란하지 않을까? 생업을 실천하는 사람이라면, 우선 마루 깔기를 통해 사회를 생각해볼 필요가 있다. 마루 깔기를 고민하다 보면 의외의 사실도 알게 된다. 일본은 습도가 높아 빈집이 되면 마루가 썩는 경우가 많다. 마루가 상하면 집이 더욱 삭막해 보인다.

부동산 가치는 분위기에도 좌우되기 때문에, 분위기가 퇴락하면 가치도 떨어진다. 방치된 부동산은 결국 주변 경관까지 해친다. 그렇기에 집주인은 빈집으로 두기보다는 싼 임대료에 세를 놓고 싶어 한다. 하지만 돈은 들이고 싶지 않아서, 세입자가 수리하는 조건으로 마루든 뭐든 그대로 임대하려는 경우가 많다. 만약 자신이 직접 마루를 깔 수 있다면, 수십만 엔을 절약할 수 있다.

일본의 빈집 비율을 조사해보니 전체 주택의 약 13.1퍼센트, 임대용 주택은 18.9퍼센트에 이른다. 빈집이 많은 지역은 30퍼센트에 가깝거나, 20퍼센트를 넘는 곳도 있다. 마루를 깔 만한 집이 전국에 널려 있다는 뜻이다.

마루 깔기 기술만 익혀도, 마루는 상했지만 골조는 튼튼한 집을 직접 수리해 20만 엔도 안 되는 비용으로 집을 얻을 수도 있다. 그러니 이런 의문이 드는 것이다. 집이 이렇게 남아도는데도 대출을 받아 인생의 30년을 집과 맞바꾸는 진짜 이유는 무엇일까?

생업을 실천하려면 결국 마루를 깔 수밖에 없다.

'인간은 두 종류로 나뉜다. 마루를 깔 수 있는 사람과 깔 수 없는 사람으로.'

고객도 동료로 만드는 생업의 힘

혼자서 이런 일들을 한다면, 산속에서 자급자족하며 사는 자연인처럼 될 것이다. 보통 사람이 이렇게 살기는 쉽지 않다. 나를 포함해 생업을 실천하는 사람들은 다양한 사람들과 함께 기술을 익히는 것이 좋다. 생업은 완전한 자급자족도 아니고, 삶보다 이익을 우선시하는 자본주의 경제 속의 전투적인 경쟁도 아니다. 그저 그럭저럭 벌면서 먹고사는 생활 방식을 목표로 할 뿐이다.

혼자 마루 깔기를 익혀도 되지만, 나는 '마루 깔기 특별 강좌'(2012년 3월 개강)를 기획해 적절한 인원을 모아 강좌를 열었다. 사람이 너무 많으면 실습이 번잡하고, 너무 적으면 강사를 초빙하기 어렵다. 적절한 인원으로 진행하면 참가자들의 의욕도 잘 유지된다. 무엇보다 기술을 빨리 익힌 사람이 다른 사람을 가르쳐줄 수 있다.

어떤 기술이든 좋은 선생님이 필요하지만, 결국에는 함께 배우는 사람들이 서로 가르쳐주는 방식이 가장 큰 효과를 낸다. 가르치는 사람도 큰 공부가 되고, 배우는 사람 입장에서도 얼마 전까지만 해도 자신과 같은 입장이었던 사람의 설명이 가장 와닿기 마련이다. 완전히 숙달된 전문가는 자신이 초급자였던 시절을 잊어버리기에 어디를 어떻게 가르쳐야 할지 잘 모를 때도 있다. 그런 점에서도 동료끼리 기술을 배우는 데에는 분명한 의미가 있다.

내가 자란 가가와 현은 시골이라 예비교(대학 입시 등에 대비하는 상업적 교육시설—옮긴이)가 거의 없었는데, 대신 '보습과'라는 제도가 있었다. 수업료로 약 10만 엔을 내면 공립 고등학교에 1년 더 다닐 수 있었다. 이곳에서도 같은 반 친구들과 모르는 부분을 서로 가르쳐주는 것이 가장 큰 도움이 되었다. 지금 생각해보면 이것도 하나의 교육 자급이었다. 비싼 예비교에 다니지 않아도 공부는 충분히 가능하다는 뜻이다. 덧붙이자면, 그 보습과에는 청소 시간도 있었고, 일주일에 한 번 체육 시간도 있었으며, 교복도 입고 다녔다.

기술을 배울 때 혼자 하지 않고 여러 사람과 함께하면, 내 주변에 마루를 깔 수 있는 사람이 많아지는 것도 큰 장점이다. 마루를 깔다가 어려움을 겪는 사람이 생기면 나를 포함해 여러 명이 도와줄 수도 있다. 무엇보다 함께 작업하면 서로 사이가 좋아진다. 마루 깔기를 통해 얻은 동료는, 다른 일도 서로 돕는다.

마루 깔기 특별강좌가 끝난 뒤에는 이 강좌를 단발성 행사로 끝내지 않고 발전시킬 수도 있다. 나의 경우, '전국마루깔기협회'라는 조직을 만들었다. 놀이 8, 생업 2 정도의 비율로 구성된 협회다. '마루를 깔 수 있는 사람'을 '해터(Hatter)'라고 부르기로 했다. 그러니까 이건 기본적으로 놀이다. 이 협회는 마루 깔기 외에는 아무것도 하지 않는다(할 수도 없다). 대신 회원 각자가 하고 있는 다양한 일 중 하나로서 마루 깔기를 다룬다.

거의 동아리 같은 분위기지만, 정기적으로 '마루 깔기 특훈 워크숍'을 열어 솜씨를 갈고닦고 있으며, 마루를 깔아달라는 의뢰도 받고 있다. 의뢰는 플랜 A—B—C로 나누어, 플랜 A는 숙련된 해터가, B는 중급 해터가 맡고, C는 '마루 깔기 특훈 워크숍'의 형식으로 진행된다. 어느 플랜이든 중요한 점은 의뢰인도 작업에 참여한다는 것이다. 의뢰인이 마루 깔기가 어떤 일인지 그 과정을 직접 체험하도록 하는 것이 목적이다. 그 외에도 협회는 인터넷을 통해 마루 깔기에 관한 정보나 재미있게 마루를 까는 방법을 주고받는 활동을 하고 있다.

건축이나 디자인처럼 고객의 의뢰를 받아서 일하는 직업의 가장 큰 문제는, 의뢰인이 그 일에 대해 잘 알지 못한다는 데 있다. 이 때문에 진정으로 가치 있는 제안은 받아들여지기 어려우며, 무난한 선택지만 채택되는 경우가 많다. 고객에게 제안을 해야 하는 직종에 종사하는 사람에게는 밤새워 좋은 제안을 만드는 것도 중요하지만, 그보다 먼저 그런 제안을 받아들일 수 있는 의뢰인을 만나는 일이 더 중요하다. 의뢰인이 그 일을 잘 이해하지 못하면, 혼신을 다해 만든 제안도 채택되지 않을 수 있다. 마루깔기협회가 많은 사람에게 마루 깔기의 실상을 이해시키기 위해 노력하는 것도 이 때문이다. 이런 노력은 변화가 극심한 오늘날에는 피할 수 없는 과제가 되었다. 하지만 단순히 계몽하려고만 해서는 안 되고, 다양한 방식을 고민해야 한다.

마루 깔기 과정에 대한 이해가 높아지면, 사람들은 단순히 겉모양이나 비용만으로 마루를 평가하는 대신, 진정으로 질 좋은 마루가 어떤 것인지 알게 되고, 적절한 비용을 들여 의뢰하게 될 것이다. 마루는 집에서 면적도 넓고 접촉 시간도 가장 긴 공간이다. 눈에도 잘 띄고, 집에 있을 때 늘 발이 닿는 곳이다. 마루를 스스로 새로 깔기만 해도, 훨씬 즐거운 생활을 누릴 수 있다.

연봉보다 삶의 기술

우리는 매우 편리한 서비스에 둘러싸여 살아가고 있다. 덕분에 시간도 절약하고, 체력을 거의 소모하지 않아도 된다. 하지만 서비스를 이용하려면 돈이 든다. 그러니 돈이 많을수록 자유로워진다고 생각하기 쉽다. 실제로 돈은 지위를 나타내기도 하고, 삶의 목표가 되기도 한다. '연봉이 얼마인가'가 한 사람을 평가하는 기준이 되곤 하니까 말이다.

하지만 하나의 기준만으로 살아간다면, 오히려 자유롭지 못할 수 있다. 편리함이 삶의 가치를 높여주는가 하면, 꼭 그렇지만은 않다. 재미있게도, 조금은 불편한 쪽이—아니, 오히려 불편할수록—더 나은 경우도 있다. 자기 인생에서 중요하게 여기는 기준을 적어도 세 가지 이상은 만들어두는 것이 좋다. 마루 깔기처럼, 생활의 기초를 지탱하는 기술은 돈으로 환산할 수는 없어도 분명 자유로운 삶에 기여한다.

연봉 외에도 '자기 생활에 필요한 것을 얼마나 스스로 감당하고 있는가', '그런 것들을 살면서 점차 늘려갈 수 있는가' 역시 인생의 기준이 될 수 있다. 또한, '이 사람이 힘들 때 내가 뭔가 도와주고 싶다'고 생각해주는 동료가 얼마나 있느냐도 중요한 기준이 된다.

오늘날처럼 아무 생각 없이 살아가다 보면, 돈만이 인생의 절대적인 기준이 되기 쉽다. 지하철 안이나 잡지, 텔레비전 광고를 보면 '내 연봉은 너무 적다', '손해 보고 있지 않습니까?', '1년에 1000만 엔을 버는 열한 가지 방법' 같은 문구들이 넘쳐난다. 우리는 매일, 돈을 벌어야 한다는 압박 속에 살고 있다. 환경이 주는 영향은 무시할 수 없다. 그런 광고들이 마치 부적처럼 느껴질 정도다.

매년 할 수 있는 일을 하나씩 늘려가는 것은, 건강하게 인생을 살아가는 하나의 방법이다. 연봉은 경기나 운에 따라 달라지지만, 연봉만을 인생의 평가 기준으로 삼으면 정신적으로도 여유가 없어지기 쉽다. 연봉에는 끝이 없기 때문이다.

물론 오늘날의 시스템은 그 나름대로 잘 작동하는 측면이 있다. 이 시스템을 급작스럽게 무너뜨리고 '새로운 시스템을 도입하자!'고 혁명을 일으킬 수도 있겠지만, 그렇게 하려면 전투력이 필요하다. 생업을 하려는 사람, 다시 말해 거북이 같은 기질을 지닌 사람에게는, 생업 네트워크를 통해 기존 시스템이 잘 작동하지 않더라도 살아갈 수 있는 일의 범위를 조금씩 넓혀가는 것이 더 잘 맞는 작전일 수 있다.

무엇보다 이 작전은 머리와 몸을 무리하게 쓰지 않기 때문에 즐겁다. 이 점이 중요하다. 마루 깔기도 매일같이 강제 노동처럼 해야 한다면 고역이 되겠지만, 적절한 간격을 두고 하면 오히려 즐거운 일이다. 아침 일찍 일어나 몸을 움직이며 눈에 보이는 성과를 내고, 날이 저물면 작업을 마친다. 그런 다음 따뜻한 물에 몸을 담그고, 직접 구운 피자나 화덕에서 구운 채소로 저녁을 먹는다. 마루 깔기에 관심 있는 사람들과 이런저런 이야기를 나누다가 일찍 잠자리에 들면, 하루가 만족스럽다. 재미있는 놀이다. 돈도 거의 들지 않는다.

이처럼 놀이를 직접 만드는 것도 생업의 중요한 주제 중 하나다. 디즈니랜드처럼 돈을 내야만 즐길 수 있는 오락이 많지만, 그런 곳에서 진이 빠질 때까지 놀고 나면 다시 '우울한 월요일'을 맞이하게 된다.

그에 비해, 자기 손으로 고민하고 만들어내는 놀이는 생업이 특기로 삼는 분야다. 하면 할수록 놀이의 종류가 늘고, 마음이 맞는 동료도 늘어난다. 진이 빠지지 않으면서도 천천히 음미하는 즐거움이 있다.

실은 이것이 내가 생업식 생활을 계속해오고 있는 가장 큰 이유이기도 하다.

생업 연습문제

(문제)

운치 있는 집에 살고 있지만, 쥐가 나와서 정말 고통스럽습니다. 구제업자를 부르면 수십만 엔의 비용이 든다고 들었습니다. 어떻게 하면 돈을 들이지 않고 평온하게 지낼 수 있을까요?

(생업식 예시 답안)

고양이 한 마리를 일주일 정도 맡아서 집 안 구석구석을 자유롭게 탐험하게 해보세요.

(생업식 해설)

쥐는 비닐 정도는 간단히 갉아먹습니다. 책상 위에 과자를 두면 그것도 먹어치우지요. 집에 익숙해지면 복도를 뛰어다니기도 합니다. 쥐 때문에 마음 놓고 잠을 잘 수도 없습니다.

질문에서도 말씀하셨듯이, 구제업자를 부르면 수십만 엔의 비용이 듭니다. 힘든 일이니 그만한 비용이 드는 것도 어쩔 수 없는 일이겠지요.

끈끈이를 사용하는 방법도 있긴 합니다. 하지만 한두 마리 잡는다고 해결될 문제가 아니고, 무엇보다 생물이다 보니 뒤처리가 참 번거롭고 골칫거리입니다.

초음파로 쫓아내는 방식도 있지만, 효과가 없는 경우도 많다고 합니다. 쥐약을 쓰는 방법도 있긴 하지만, 집에 반려동물이 있다면 실수로 먹을 위험이 있고, 약이 잘 듣지 않는 슈퍼쥐도 있다고 하네요.

자, 그렇다면 어떻게 하면 좋을까요?

짐승은 짐승으로 다스린다, 즉 고양이를 데려오는 겁니다. 고양이를 직접 기르는 것이 가장 좋겠지만, 그렇지 않더라도 일주일 정도만 집에 데려와 두면 고양이의 기세에 눌려 쥐가 쉽게 모습을 드러내지 못합니다.

단, 여관처럼 넓은 건물에서는 고양이 한 마리로는 역부족일 수 있으니 몇 마리를 더 데려오는 등의 대책이 필요합니다. 쥐의 먹이가 될 수 있는 음식물 쓰레기를 남겨두지 않는 것도 작지만 꽤 효과적인 방법입니다.

(생업식 응용)

통칭 '쥐 잡는 110번(일본의 경찰 신고용 긴급전화번호—옮긴이)'. 쥐를 잡는 능력이 뛰어나고, 남의 집에서도 낯을 가리지 않는 호기심 많은 고양이를 빌려주는 서비스입니다.

이건 거의 망상에 가까운 생업이긴 합니다만, 친구에게 고양이를 빌리는 것은 쥐를 잡기 위한 꽤 괜찮은 대책이 될 수 있습니다.

'시타우마의 토방이 있는 집'에서는 쥐가 출몰하여 작은 소리에도 깜짝깜짝 놀랄 만큼 신경이 예민해질 뻔했지만, 우연히 친구의 고양이를 맡아 기르게 된 뒤로는 그런 일이 크게 줄었습니다. 정말 고마운 일이었습니다.

동물이 입히는 농작물 피해는 지역마다 다르지만, 수천만 엔에서 수억 엔 규모에 이르는 경우도 있다고 합니다. 이 피해를 막을 수 있는 아이디어가 있다면, 꽤 괜찮은 생업이 되지 않을까요? 지역마다 특유의 문제가 있기 때문에, 세계화의 영향을 크게 받지도 않을 것 같습니다.

제 5 장

생업은 같이하면 더욱 즐거워진다

'싫은가, 싫지 않은가'라는 감각이 기준

생업의 아이디어가 떠올랐다면, 다음으로는 다양한 사람들과 함께 생업을 실현하는 방법을 생각해보자. 예를 들어, 생업을 위해 건물을 수리해야 한다면 혼자 하지 말고 지인이나 친구들과 함께해보자. 물론 준비 과정이 필요하겠지만, 그 이상으로 즐겁고 의미 있는 시간이 될 수 있다. 함께한 사람들 역시 기술이 는다.

즐거운 일을 반복하면서 경험을 쌓는 데에는 큰 장점이 있다. 생업 네트워크에 참여하는 사람이 많아질수록 함께할 수 있는 일의 범위도 넓어진다. 목수 일을 조금 아는 친구가 열 명 있고 전문적인 목수가 한 사람 있다면 집을 짓는 일도 그렇게 어렵지만은 않다. 예전 일본에서는 이웃이 함께 모여 지붕 교체 같은 일을 공동으로 했으며, 마치 축제처럼 즐거운 분위기 속에서 이루어졌다. 놀이이자 일이기도 한 것이다.

옛날이야기처럼 들릴 수 있지만, 오늘날에도 가능한 사례가 있다. 내가 학생 시절 조사차 방문했던 오키나와 니시오모테지마(西表島)에서는 누군가 집을 새로 지으면 마을 사람들이 모두 함께 도와주는 문화가 여전히 있었다. 자재비만 준비하면 되었고, 아침부터 사람들이 모여 함께 일하고 밤에는 음식을 나누며 잔치를 벌였다. 무척 즐거워 보였다.

물론 전통적인 공동체를 복원하자는 뜻은 아니다. 중요한 것은 혈연이나 지연에 얽매이지 않고도 자신만의 네트워크를 자발적으로 만들어가는 것이며, 이것은 생업의 중요한 목표 중 하나다. 그것은 순간적인 열광이 아니라 서서히 이루어가는 장기적인 방향이다.

각종 사회 운동을 살펴보면, 일시적인 열정은 지속되기 어렵다는 점을 알 수 있다. 인생은 긴 여정이므로 서두르지 않고 천천히 나아가는 것이 좋다. 요즘은 공통된 체험을 나누는 일이 적다는 이유로 그것을 새로 만들어야 한다는 의견도 있지만, 굳이 거창하게 생각할 필요는 없다. 건물을 함께 고치거나 건강한 일을 함께하는 일상적인 활동을 통해 동료를 만들어가는 것이 훨씬 현실적이고 무리가 없다.

성인이 되면 미래에 대해 진지하게 생각하라는 말을 자주 듣는다. 이를테면 생명보험에 가입하라거나, 언제까지나 세 들어 살 수 없으니 집 살 돈을 저축하라는 식이다. 많은 사람이 그런 조언을 그대로 따른다. 하지만 지금까지 보아온 것처럼, 집을 사는 일이 30년 동안 빚을 갚아야 하는 아슬아슬한 계획이라면 문제가 있다. 빚을 갚는 동안에는 인생의 방향을 바꾸기 어렵고, 새로운 기술을 익히기도 어렵다. 게다가 지진 같은 재해로 집이 무너진다면 그 피해는 회복하기 어렵다. 집을 산다는 선택은 위험 부담이 크다.

불안한 시대일수록 많은 사람이 위험에 대비하려 하지만, 정작 무엇이 진정한 위험 대비인지는 스스로 깊이 고민해봐야 한다. 고정관념을 재검토해야 하는 것이다. 생명보험에 가입하고 건강을 돌보지 않는 것보다 건강한 생활 습관을 유지하는 것이 훨씬 더 효과적인 위험 대비책이 될 수 있다.

현대 의료는 때때로 잔혹하게 느껴질 정도로 사람에게 "가늘고 길게" 사는 삶을 강요한다. 건강은 잃고 나서야 소중함을 실감하며, 회복하는 것보다 유지하는 편이 훨씬 수고가 적게 든다. 건강 마니아가 될 필요는 없지만, 적절한 수면과 꾸준한 운동은 어느 시대에도 유효한 건강 유지법이다. 인생에는 해야 할 일이 많다. 그러니 쉬운 일은 쉬운 방법으로 해결하자.

회사를 그만두면 분명히 위험이 따른다. 그러나 회사를 계속 다니는 것도 다른 일에 도전할 기회를 잃는다는 점에서 또 다른 형태의 위험이 존재한다. 특히 대기업처럼 규모가 큰 회사는 그 자체가 사회 같아서 퇴사를 결정하는 일이 더 어렵게 다가온다. 사람들은 종종 장단점을 비교해 결정하라고 말하지만, 인간의 사고는 그렇게 이성적이지 않다. 특히 불안이 클 때는 냉정한 판단을 유지하기 어렵고, 잘못된 선택을 하게 되는 경우도 많다.

이럴 때는 무엇을 기준으로 판단해야 할까? 나는 '싫은가, 싫지 않은가'라는 감각을 기준으로 삼으라고 제안한다. '싫다'고 느끼는 게 있다면 기존의 규범에 얽매이지 않고 무엇이든 실행하는 쪽이 낫다. 사람들 대부분은 사실 그런 식으로 움직인다. 다만 회사에 들어가면 이러한 민첩한 판단이 어려워지는 경향이 있다. 따라서 이런 감각은 가능한 한 빠르게, 혹은 일상적으로 단련해두는 것이 중요하다. 회사를 계속 다닐지, 그만둘지를 고민할 때는 무엇보다도 필요한 시기에 움직일 수 있는 상태를 유지하는 것이 최선의 위험 대비책이다.

생업은 일상을 스스로 만들어가는 일이다. 그렇기에 생활과 인생의 원점에 감각적으로 접근하도록 도와주는 훈련이 되기도 한다.

하나모리 야스지(花森安治)가 창간한 『생활수첩』(暮しの手帖: 1948년 계간 『아름다운 생활수첩』으로 창간호를 발행한 이래 지금까지 발행되는 격월간 잡지. 기업 광고를 싣지 않아 상업주의에 좌우되지 않으며, 이 잡지에서 하고 있는 각종 가정용 제품 테스트는 신뢰도가 높은 것으로 알려져 있다. 하나모리 야스지가 말하는 "생활을 등한시한 결과 일어난 전쟁"은 중일전쟁 및 태평양전쟁을 가리키는 것으로 보인다—옮긴이)에서 "생활을 등한시한 결과 전쟁이 일어났다. 그래서 나는 생활을 중요하게 여기기 위해 잡지를 만들었다"고 말한 것처럼, 생업을 갖는 일은 판단력을 기르는 데에도 중요하고, 경제 전쟁 속에서 생활을 등한시하지 않기 위한 중요한 방편이 된다.

사무직처럼 겉보기에 안정적으로 보이는 직업도 사실은 위험할 수 있다. 생산을 담당하지 않는 부문에 속한 사무직은 회사가 위기에 처하면 가장 먼저 영향을 받는다. 따라서 회사를 관찰하는 안목이 필요하며, 회사가 앞으로 5년 정도는 버틸 수 있겠다고 판단된다면 그 기간 동안 생업을 준비하거나 전환을 모색할 수 있다. 이것이 진정한 위험 대비다.

한때는 좋은 회사에 들어가는 것이 최고의 안전망처럼 여겨지던 시대도 있었다. 지금의 2, 30대가 자라던 시절, 그들의 부모 세대는 그렇게 믿고 살아왔다. 그래서 부모들은 자녀가 회사를 그만두는 것을 쉽게 받아들이지 못하며, 이런 압력은 실제로 존재한다. 그러나 그에 따르는 위험 또한 존재한다. 자녀는 부모의 기대를 따르면서 겪는 위험을 인식할 필요가 있고, 부모는 고정관념을 강요함으로써 자녀에게 미치는 영향을 성찰해야 한다. 자녀는 독립적인 생업을 통해 자신감을 얻고, 자신이 어떤 환경에서도 살아갈 수 있다는 믿음을 갖는 것이 중요하다.

회사 생활에 회의를 느끼는 사람은 퇴사를 고민하기보다는, 여가 시간에 생업을 만들어보자. 생업이 바빠져 더 이상 회사를 다닐 수 없을 정도가 되었을 때 비로소 회사를 떠나는 흐름이 훨씬 건강하다. 무턱대고 회사를 때려치우는 극적인 사례는 미디어에서 자주 조명되지만, 실제로는 그렇게까지 각오를 다지지 않고도 충분히 변화할 수 있다. 나 역시 처음 다니던 회사를 그만둔 것은 대단한 결심이 아니라, 사무실의 공기와 스트레스로 피부 상태가 악화되어 견딜 수 없었기 때문이다.

세상에서 상식처럼 받아들여지는 '위험 대비'는, 한 걸음 더 들어가서 보면 실상은 전혀 위험에 대비하고 있지 않은 경우가 많다. 결국 진정한 위험 대비란 일상적으로 해나가야 하는 일이다. "이 정도 했으니 안심이다"라는 경지에 도달하기는 거의 불가능하며, 오히려 그런 기대 자체를 내려놓는 편이 위험을 줄인 상태를 꾸준히 유지하는 데 도움이 된다.

이것은 일종의 사고 실험이지만, 만에 하나 엔화가 폭락해 화폐 가치가 0이 되는 사태가 발생한다고 가정해보자. 이런 상황에서도 협력자를 찾아 함께 집을 짓고 살 곳을 마련할 수 있다면, 그리고 필요한 물자를 자급하거나 서로 나누어 쓸 수 있는 시스템이 마련된다면 어느 정도는 버틸 수 있다. 이런 네트워크가 몇 명으로 이루어져야 적절한지에 대해서는 앞으로 더 고민해봐야 한다.

인류학에 따르면, 아프리카의 피그미족은 일정 규모가 되면 공동체를 나눈다고 한다. 현대인들은 어떤 환경에서 몇 명까지 신뢰를 유지할 수 있는가, 또 인터넷에서는 그 관계를 어디까지 확장할 수 있는가가 앞으로 생업식 삶의 중요한 주제가 될 것이다. 결국 재해나 경제 파탄으로 일시적으로 화폐가 제 기능을 하지 못하는 상황에서도 어느 정도 버틸 수 있도록 준비하는 것이야말로 최고의 위험 대비책이다. 이때 생업을 지속할 기술과 동료의 존재는 커다란 버팀목이 될 것이다.

나는 생업을 만드는 것이 단순히 시장경제 사회를 벗어나 자급자족을 실현하려는 목표라고는 생각하지 않는다. 오히려 세계화된 시장경제 속에서 경제적 도전에 나서기 위한 준비이자 기반이라고 본다. '지면 끝이다'라는 압박 속에서 자신을 몰아붙이는 삶은 통각이 마비된 기계 같은 인간에게나 가능한 일이다. 평범한 사람 대부분은 무슨 일이 생겨도 굶어 죽지는 않을 것이라는 마음의 여유가 있을 때 비로소 무언가에 도전한다. 이른바 '배수진을 친다'는 방식은 매우 특수한 상황에서나 가능하며, 언제나 쓸 수 있는 방법은 아니다.

결국 생업이란, 평범한 사람이 세계화 이후의 시대를 깊이 고민하며 살아갈 방법을 모색하는 태도이자 삶의 방식을 갖추는 일이다. 동시에, 필요할 때는 시장경제 속으로 과감히 뛰어들 수 있는 정신적 여유를 지니는 일이기도 하다. 준비가 갖춰진다면 스스로 사업을 시작하거나 회사를 세워 세계 시장의 문을 두드릴 수 있다. 설령 그 시도가 실패하더라도, 언제든 그럭저럭 즐겁게 살아갈 방법을 마련할 수 있는, 건강한 삶을 위한 사고방식이기도 하다.

'시골에는 일이 없다'는 말은 사실일까

현대 사회는 돈으로 필요한 것을 구해야 한다는 강력한 구도를 형성하고 있다. 그래서인지 마음 가는 대로 행동할 수 있는 여지가 크지 않다. 하지만 조금만 생각해보면, 이런 상식은 불과 몇십 년 사이에 형성된 것에 지나지 않는다는 사실을 알 수 있다. 돈을 쓰지 않고도 할 수 있는 일은 의외로 많다.

현대 사회에는 다양한 환상이 존재하며, 그런 환상을 깨뜨리는 것이 생업의 중요한 주제 중 하나다. 이를테면 '시골에는 일이 없다'는 말이 있다. 하지만 사실일까? 내가 생업을 하겠다고 결심하게 된 계기는, 바로 취직 준비를 하던 시절 품었던 의문이었다. 당시에는 일을 하려면 회사에 들어가는 수밖에 없다고 생각했다. '우동밖에 없는' 고향 가가와 현(가가와 현의 대표적인 특산물이 우동이다. 특히 사누키 우동이 유명하다—옮긴이)을 떠나 도시로 나왔지만, 막상 살아보니 고향으로 돌아가는 것도 나쁘지 않겠다는 생각이 들었다. 그러나 지방에서 취직을 알아보면 공무원, 은행원, 교사 외에는 선택지가 없었다. 이들 직업은 지역의 경제가 유지되어야 가능한 일들이다.

시골에는 정말 일이 없는 걸까? 그 의문을 품고 시골에서 할 수 있는 일을 생각하기 시작한 것이 2003년, 스물세 살 무렵이었다. 실제로 시골에 가보니, 자기 힘으로 일을 만들어가며 생활하는 사람들이 의외로 많았다. 그들은 민박업이나 잡화점, 자급을 위한 농업이나 직업적 농업, 비영리재단 활동 등 다양한 일을 통해 생계를 꾸려나가고 있었다.

시골에는 고용에 의존하지 않고, 스스로 생업을 만들어 가는 이들이 꽤 많았다. 언뜻 보면 프리터처럼 보이지만, 생활 능력이 높아 간단한 집수리쯤은 스스로 해내고, 집을 직접 지어 생업의 기반으로 삼는 사람도 있었다. 하지만 행정기관에는 이러한 삶을 안내해주는 창구가 거의 없다. 생업의 형태가 너무 다양해 범주화하기 어렵기 때문이다. 행정은 업종이나 고용 정보까지는 다루지만, 개인의 생활 방식까지는 파악하지 않는다.

귀농이나 귀촌을 지원하는 단체들도 있지만, 상담을 해 보면 "시골 생활은 쉽지 않다", "최소한 300만 엔은 저축되어 있어야 한다", "농업으로 생활하려면 1000만 엔 이상의 설비 투자가 필요하다"는 식의 말들이 돌아온다. "고용이 없기 때문에 주민센터에서 일하거나 연금으로 생활할 수밖에 없다"는 식의 말도 흔히 들을 수 있다. 이러한 말을 하는 사람들 대부분은 시골에 실제로 살고 있지 않으며, 정기적으로 급여를 받는 도시 생활자다. 그러다 보니 정규 고용 외의 다양한 생업 방식에 대해서는 긍정적으로 바라보지 않는다. 생업식 생활은 그들의 시야에 들어오지 않는 것이다.

하지만 실제로 시골에 들어가보면, 고용이라는 형태의 일자리는 없다 해도 각자 자기 방식으로 환경을 정비하고 일을 만들어가며 살아가는 사람들을 만날 수 있다. 그러므로 시골에 대한 정보 역시, 정보를 제공하는 사람의 배경을 고려하며 받아들여야 한다. '상식'이라고 불리는 정보는 결국 하나의 관점에 불과하며, 거기에는 선입견이 끼어 있기 쉽다. '취업을 해야만 일이 된다', '전업하지 않으면 전문가가 아니다', '사업은 반드시 확장해야 한다', '돈이 없으면 아무것도 못 한다'와 같은 믿음은, '사업을 확장하면 좋은 경우도 가끔은 있다' 정도로 유연하게 생각할 필요가 있다.

이처럼 구체적으로 대상을 바라보는 감각을 기르는 훈련은 생업을 만드는 데 중요하다. '시골'이라는 말만으로는 어떤 환경인지 알 수 없다. 인구 3만 명의 지방 도시인지, 50만 명 규모의 도시인지, 주민 평균 연령이 70세에 가까운 한계 취락(고령화 등으로 인구가 점점 줄고 새 인구는 거의 유입되지 않으며, 소득을 올릴 일거리도 마땅치 않아 사라질 위험에 처해 있는 시골 마을—옮긴이)인지, 아니면 이웃집이 1킬로미터는 떨어져 있는 대초원 지역인지 등 현장을 직접 확인해봐야 알 수 있다. 일이 정말 없는지 여부도, 현지에서 직접 조언을 들을 수 있는 사람을 만나보는 과정을 통해 파악해야 한다.

나는 기이 반도의 중산간 지역(평야의 주변부에서 산간 지역까지를 이르는 말. 산이 많은 일본은 전체 면적의 70퍼센트가량이 중산간 지역이다—옮긴이)을 자주 찾는다. 그곳은 취업거리가 부족하지만, 청소나 풀베기 같은 잡일이나 과외 수요는 있다. 학원이 없기 때문이다. 매일 영업은 어렵지만, 빵집이나 커피숍이 사람들에게 사랑받고 있고, 특이한 메뉴는 인터넷을 통해 판매되기도 한다. 생활비를 줄일 수 있는 방법만 찾는다면, 이런 일들을 하면서도 충분히 살아갈 수 있다.

지방 도시의 경우, 예를 들어 인구 3만 명 정도 되는 지역이라면 컴퓨터 보급률은 높지만, 수리 기술을 가진 사람은 부족하다. 소규모지만 그래픽 디자인 일도 있다. 지방자치단체의 인쇄물이나 웹사이트도 개선이 필요하지만 전문가가 부족하다. 시골에서는 입소문이 빠르게 퍼지기 때문에, 시작만 잘하면 별다른 마케팅 없이도 일거리를 받을 수 있다.

시골에서 인간관계를 맺기 어렵다는 것도 흔한 선입견이다. 마을마다 분위기가 다르기 때문에 일률적으로 판단할 수 없다. 어떤 마을에서는 회합이나 술자리가 거의 없지만, 바로 강 건너 마을에서는 자주 모임이 열리기도 한다. 결국 인간관계에서 중요한 것은 서로 들을 수 있도록 인사하고(바람이 세게 불어 들리지 않을 수도 있겠지만), 필요한 대화를 나누는 일이다. 이런 사소한 실천을 하나하나 해나가는 것만으로도 해결할 수 있는 문제는 많다.

현대 사회에는 무슨 일을 하든 '뻔하다'고 생각하는 분위기가 팽배해 있지만, 자기 머리와 몸을 사용해 고정관념을 하나하나 깨나간다면, 즐겁게 살아갈 여지는 충분히 존재한다.

건강, 즐거운 대화, 재미있는 놀이

지금까지 생업을 갖는 것, 만드는 것에 대해 여러 가지로 살펴보았다. 나는 이른바 '생업식 생활'의 실험 대상이기도 하다. 실험 대상으로서 그 결과를 이야기하면서, 앞으로 다가올 세계화 이후의 시대에 대한 생각을 정리해보려 한다.

지역에서는 외부에서 돈을 끌어와야 하고, 돈이 되는 관광 사업이나 외화를 벌어야 한다는 이야기가 자주 나온다. 어디서 특산물 판매가 조금 성공했다 하면 너도나도 시찰에 나서지만, 그런 방식이 잘 통하는 지역은 한정되어 있다. 나는 이러한 주장들에 깔린 전제가 애초에 잘못된 게 아닌가 싶다.

한번은 인터넷 매체에 글을 쓴 적이 있다. 시골에는 취업할 만한 회사는 별로 없지만 자질구레한 일은 얼마든지 있다고 생각한다. 이웃집 청소나 이사, 축제 일손 돕기, 과외 교사, 목수 일 등 소소한 일거리들은 많고, 자급을 목표로 하는 농사도 그리 어렵지 않다고 적었다. 이에 대한 반응이 찬반양론으로 갈렸다. 그중에는 이러한 일들은 지역 내부에서만 돌고 외부에서 돈을 벌어오는 것이 아니므로 생산적이지 못하다는 의견이 있었고, 사회적 기업에 대해서도 기존 자산을 활용해 서비스를 제공하기보다는 외부 자본을 끌어와 전체 경제 규모를 키워야 한다는 비판이 있었다.

하지만 나는 그렇게 혈압을 올리며 억지로 경제 규모를

키우기보다, 자기 힘으로 생업을 만드는 것부터 시작하는 편이 더 즐겁고, 궁극적으로는 경제 상황을 개선하는 지름길이 될 수 있다고 생각한다. 시골에 커피숍이 없어 심심하다면, 우선 자신이 감당할 수 있는 방식으로 커피숍을 열면 된다. 청소나 이사, 집 정리를 도울 손이 부족하다면 그런 일을 직접 생업으로 삼아도 좋다. 이런 식으로 자기 힘으로 일을 만든 경험이 쌓이면, 이후에 해보고 싶은 사업도 자연스럽게 떠오를 것이다. 스스로 '사장님'이 될 기회는 도처에 있다. 그런 경험 없이 외화를 벌기 위한 특산물 판매 같은 고난도 과업에 곧장 뛰어드는 건 무모하다.

세계화는 전 세계와 경쟁해야 한다는 뜻이다. 단지 가격이나 성능 경쟁만으로도 이미 '세계 대회'에 나가는 셈이다. 국내에서 돈을 끌어오는 차원을 넘어선다. 필요하다면 도전할 수도 있겠지만, 보통의 수단으로는 감당하기 어렵다. 그렇다면 전 세계적 경쟁과 관계없는 분야에서 자신의 생계를 꾸릴 수 있는 생업을 먼저 고민해보는 것이 훨씬 흥미롭게 이 시대를 살아가는 방식이 될 수 있다.

축구공을 만져본 적도 없는 사람에게 갑자기 공식 경기에 나가서 골을 넣으라고 한다면, 극소수의 천재를 제외하고는 불가능하다. 더구나 지금은 그런 사람에게 월드컵에 나가라고 강요하는 세계화 시대다. 보통 사람이라면 먼저 경기 규칙을 숙지하고, 기본적인 작전을 익히며, 드리블과 패스부터 배워야 한다. 이러한 기본기가 바로 생업이다. 외화를 벌기 위한 산업 진흥은 월드컵에 해당한다. 당장 뛰어들 수 있는 성격의 일이 아니다.

여담이지만 일본에는 훌륭한 미드필더는 많지만, 골 결정력을 가진 스트라이커가 없다는 이야기가 오랫동안 회자되어왔다. 골문 앞에서 슛 기회를 놓치고는 "공이 갑자기 날아와서 그랬다"라고 말해 비판받은 스트라이커도 있었는데, 정말 그런 비판을 당당히 할 수 있는 사람이 얼마나 될까? 반 농담이지만 나는 일본 축구 대표팀에 세계적인 공격수가 나오지 않는 근본 원인이 지난 수십 년간의 노동 방식에 있다고 생각한다. 패자를 만들지 않고 평온을 유지하는 방식으로는 유능한 공격수를 길러낼 수 없다. 가마모토 구니시게(釜本邦茂: 일본의 전 축구 국가대표 선수. 1944년생으로 교토에서 태어났다. 1960년대 중반부터 1970년대 후반까지 국가대표로 활약하는 동안 총 75점을 올리고 1968년 멕시코 올림픽에서는 7득점을 하는 등 일본 축구사상 가장 뛰어난 공격수로 평가받는다—옮긴이)처럼 예외적인 인물이 나오기도 했지만, 그가 상인 기질이 강한 간사이 출신이라는 점도 주목할 만하다.

오늘날 나를 포함한 대부분의 일본인은 자기 힘으로 일을 만들어본 경험이 거의 없다. 그러나 고도 경제 성장기 이전에는 개인 사업자가 많았고, 그런 이들이 계속 골을 넣던 시대가 있었다. 특히 막부 말기(에도 시대 말기로서 미국의 페리 제독이 흑선을 타고 나타난 1853년부터 에도 막부가 폐지된 1867년 전후를 가리킨다—옮긴이)에는 연공미(年貢米: 영주들이 농민에게 지대로 걷은 쌀—옮긴이)만으로는 번(藩: 에도 시대 대영주, 곧 다이묘들이 지배하던 영역 및 지배 기구—옮긴이)의 경제가 정체되었기 때문에 각

번이 독립적으로 여러 산업을 개발했다. 그중 일부는 오늘날 지역 특산 산업으로 이어졌다. 그런데도 일본은 전국적인 대기업을 육성하면서 농민들을 대규모로 고용했고, 그렇게 해서 '주식회사 일본'이 성장했다.

대기업은 직원들이 자영업자처럼 독자적인 판단을 내리기를 바라지 않는다. 회사 전체가 하나의 컨베이어벨트처럼 매끄럽게 돌아가도록 각 현장이 앞뒤를 맞춰 일하면 그만이다. 그러나 2010년대에 들어서면서 그 방식이 더는 제대로 작동하지 않게 되었다.

카메라 제조업체 경영진은 카메라에 어떤 기능이 필요한지도 모르는 듯 보인다. 고화소 경쟁은 거의 끝났지만, 대부분의 회사는 기능 향상에만 집중한 신제품만을 내놓고 있다. 한때 벤처 기업이었던 소니도 너무 거대해진 탓인지, 각 부문의 손발이 맞지 않아 충분한 기술력을 갖고서도 아이폰을 만들지 못했다.

오늘날의 대기업 경영진은 조직 안에서 열심히 일하며 출세해온 세대다. 결단을 내리지 못하는 것이 아니라, 애초에 그런 경험을 해본 적이 없다. 남들이 좋다는 대학에 가고, 좋다는 회사에 입사해, 사표 한번 내지 않고 계속 일해온 이들이 경영 책임을 지고 있는 경우가 적지 않다. 일본 기업 구조에서는 오히려 흔한 일이다. 그러나 세계화가 가속화하면서, 이들은 이제까지 겪어보지 못한 다양한 결단을 내려야만 하는 상황에 직면했다. 일본 어디서나 마찬가지다. 결코 좋은 시기라고는 할 수 없다.

내 생각에는 엘리트가 아니라, 생업식 발상을 할 수 있는 사람들이 이런 상황을 반전시킬 수 있을 것 같다. 미디어에서 다뤄지지 않을 뿐, 이미 많은 이들이 그런 활동을 통해 힘을 축적하고 있다. 앞으로 흥미로운 일들이 벌어질 것이다.

지금이야말로 총체적인 시도가 필요한 시기다. 그럭저럭 먹고살 수 있을 정도의 적당한 수입을 얻으면서, 자신이 납득할 수 있는 삶을 스스로 만들어가는 상황을 구체적으로 설계하고 실험해봐야 한다. 말하자면, 그것은 '카페 만들기' 같은 것이다.

돈을 많이 벌고 싶다면 카페는 좋은 사업 아이템이 아닐 수 있다. 하지만 카페를 차리고 싶다는 마음에는, 생활을 중시하면서도 어느 정도 수익을 올리고, 사람들이 한가로이 시간을 보내며 정보를 나누고, 다양한 사람을 만날 수 있는 장소를 만들고 싶다는 총체적인 바람이 담겨 있다. 총체적이라는 표현은 '인간적'이라는 말로 바꿔도 무방하다. 반면, 외화를 벌겠다는 발상에는 그런 인간적인 소망이 결여되어 있다.

지금은 그런 인간적 소망을 실현하는 생업을 하나하나 만들어가기 좋은 시대다. "이번 달엔 마루 깔기를 배웠어", "올해엔 쌀을 수확했지" 같은 성취감을 오감으로 느낄 수 있는 일은 현대 사회에서 얻기 어려운 중요한 경험이다. 단정할 수는 없지만, 우울증 등 정신질환이 만연하는 사회적 이유 중 하나도 오감을 활용해 성취감을 느낄 수 있는 일이 줄어들어서가 아닐까?

사람을 괴롭히는 가장 효과적인 방법은, 이유도 말해주

지 않고 구덩이를 파게 한 뒤 다시 메우기를 반복시키는 것이라 한다. 이른바 '삽질'이다. 그런 식으로는 노력의 결과를 실감할 수 없다. 일의 의미를 실감하지 못할 때 남는 것은 매출 수치 같은 숫자뿐이다.

'생업 만들기'는 그런 실감을 건강하게 되찾기 위한 작은 시도다. 고도 경제 성장기에 접어들면서 시골은 일자리 부족, 인구 유출 등의 문제로 늘 고민해왔다. 그러나 그런 문제들이 정말 해결 불가능한 것인지, 인구가 얼마나 되어야 해결할 수 있는지에 대해서는 거의 논의되지 않았다. 대신 공장 유치, 특산품 개발, 관광 진흥 같은 접근만이 제시되어왔다. 이제는 그런 대책들의 한계를 점검해볼 시점이다.

특산품을 만들어도 일본인의 위장에는 한계가 있다. 세계 시장을 노리는 것도 그 때문이지만, 세계는 일본보다 훨씬 장벽이 높다. 그걸 해낼 수 있는 사람이 얼마나 될까? 그렇다면 우선 삼시 세끼를 더 신선하고 맛있게 만들어 먹는 것이 낫지 않을까? '부가가치'를 외치기 전에, 본질적인 가치를 소홀히 하고 있지 않은지 생각해야 한다.

절정기에 도달한 것들은 이미 그 안에 문제를 내포하고 있다. 일본 경제의 위기는 이제 막 시작된 것이 아니다. 오래 전부터 잠재되어 있던 문제가 터져 더는 손쓸 수 없게 된 것이다. 호황기 상태를 되살리려 하면 할수록 오히려 더 나빠진다. 그리고 점점 안달하게 된다. 오랜 시간 동안 몸이 약해진 사람에게 회복을 위한 주사를 반복해서 놓으면 오히려 더 쇠약해지는 것과 같다.

기존 시스템에만 매달리면서 새로운 일을 만들 역량을 쌓거나 자기 삶을 꾸릴 방법을 고민하지 않았기에, 그런 문제에 손쓸 수 없는 상황이 된 것이다. 2000년대 들어서는 사회운동을 하는 비영리재단이 등장했지만, 이들도 후원금에 의존하는 경우가 많다. 후원금이 반드시 나쁘지는 않지만, 그것 없이 조직을 유지할 수 없다면 결국 생업을 만드는 능력이 사라진 셈이다. 근본 문제부터 다시 시작하지 않으면 시장경제 내 경쟁력도 기를 수 없다.

급할수록 돌아가라는 말이 있다. 먼저 자기 삶을 충실히 하는 방법을 찾고, 그 경험을 확장해 생업을 만들어가야 한다. 나는 이 방식이 재미도 있고, 머리와 몸에 적절한 자극이 되는 좋은 운동이라고 생각한다. 벤처기업도 직원들에게 생업 만들기에 투자할 시간을 주면 어떨까? 그러면 직원들이 사업자의 마음을 이해하게 되고, 새로운 일에 대한 감각도 익혀 회사에서 신규 사업을 만드는 데 도움이 될 수 있다. 방법을 잘 고민한다면, 오히려 부업을 장려하는 기업이 더 큰 성과를 얻을지도 모른다.

사회와 경제에 뛰어난 관점을 지닌 논객들도 많지만, 이제는 정치를 비평하는 데서 그치지 않고 직접 시의원에 출마해 실제 정치에 참여해보는 것도 좋은 생업이 될 수 있다. 미성숙한 정치에 발언하는 방식은 여러 가지가 있지만, 지금은 트위터나 페이스북처럼 혼자서도 활용할 수 있는 매체가 늘었고, 지방 도시의 컴퓨터 보급률도 70퍼센트가 넘기 때문에 꽤 실현

가능성이 있다.

한때 어떤 시장이 텔레비전 토론에 출연해 학자를 논파한 일이 화제가 되었는데, 토론 내용의 옳고 그름을 떠나 일본의 지식인 집단이 지나치게 비대해졌음을 보여주는 상징적인 사건이었다고 생각한다. 체험이 전부라고 말하려는 건 아니지만, 몸을 움직이지 않으면 상황은 달라지지 않는다.

생업식 발상으로 정치를 바라보려는 시도는 이미 존재한다. 내 친구 중 한 명은 20대의 의견이 정치에 반영되지 않는다고 판단하고, "우선 출마해서 의견을 말하고 싶다"며 불필요한 지출을 줄이고 20만 엔 정도를 모아 시의원 선거에 출마했다. 선거 비용은 최소한으로 줄이고, 나머지 일은 친구와 지인의 도움을 받았다. 꼭 당선되지 않아도 괜찮다는 생각이었다. 선거를 자기 생각을 말할 수 있는 기회로 삼아보자는 발상이 충분히 흥미로웠다.

결과적으로 그 친구는 당선되었다. 원래 불필요한 지출을 하지 않고 자기 생업을 갖고 있던 사람이기에, 의원이라는 자리에 얽매일 이유가 전혀 없었다. '선거에는 돈이 든다'고 하지만 시의원 공탁금은 30만 엔이며, 득표율이 아주 낮지 않다면 돌려받을 수 있다. 전체 유효 투표 수가 2만 표이고 전체 의원 수가 10명이라면, 200표만 얻어도 공탁금 30만 엔은 돌려받는다. 그렇게 어려운 조건은 아니다.

나는 이러한 사실조차 모르고 있었다. 이것이 바로 우리의 약점이다. 일본 정치에 불만이 있다면, 예상보다 큰 위험을 감수하지 않고도 도전해볼 수 있다. 자신이 직접 하지 못하겠다면 동료 중에서 대표를 찾아도 괜찮다. 그리고 지금까지처럼 조직의 지지를 얻기 위해 애쓰고, 불편한 절차를 감수하면서까지 당선되려 하기보다는, 차라리 깨끗이 낙선하는 편이 낫다. 또 잠시 의원이 되었더라도 별도의 자기 생업을 제대로 유지해나가야지, 의원직을 직업처럼 여기고 평생 지속하려는 생각은 하지 않는 편이 좋다.

투표율이 점점 낮아지는 것이 문제라고는 하지만, 이는 결국 대체할 만한 인물이 없고, 주변 사람들이 출마하지 않아서가 아닌가? 그렇다면 자신이 직접 대안이 되면 된다.

여기에도 '내가 이상하다고 느끼는 것부터 공략한다', '돈이 얼마나 드는지를 파악한다', '쓸데없는 지출을 줄인다', '동료와 함께한다' 등 생업에서 중요하게 여기는 원칙들이 담겨 있다. 일종의 축제로 친구의 선거운동을 돕는 경험을 통해, 선거를 치르는 방법을 조금이라도 배운 사람이 늘어나면 그만큼 정치를 생활 가까이에서 느끼게 만들 수 있다. 원래 '정치(政, 마쓰리고토)'란 축제와 같은 의미를 지닌 말이었다(저자는 여기서 정(政)이라는 단어를 마쓰리고토(まつりごと)로 읽는다. 마쓰리고토란 원래 제사[祭り事]를 뜻하는 말로 제정일치 시대의 흔적이 남아 있는 단어다. 또한 일본의 축제를 뜻하는 '마쓰리(祭り)'는 대개 종교 행사에서 출발한 것이 많다—옮긴이).

이처럼 '여러 가지 일을 해보자', '좀 더 인간적인 방식은 없을까'라는 생업적인 사고방식을 적용하면 다양한 아이디어가 솟아난다. 시청 운영도 마찬가지다. 인건비 부담이 커져 재정이 압박받고 있다는 말은 오래전부터 있었다. 그렇다면 누구나 할 수 있도록 매뉴얼화가 가능한 업무는 부업 형식으로 시민에게 분산시키는 방식도 고려해볼 수 있다.

직원들이 몇 년에 한 번씩 부서를 옮기다 보니 전문성은 길러지지 않고, 시민에 비해 훨씬 유리한 조건으로 고용되어 있다. 평균 연봉이 200만 엔인 지방에서 공무원 연봉만 두 배가 넘는다면, 재원이 부족해져 결국 시정 운영 자체가 어려워질 수 있다. 특정한 사람들이 이 모든 일을 독점하는 것은 바람직하지 않다.

차라리 사무직 대부분을 겸업 가능한 형태로 바꾸어 모든 시민이 행정에 관여할 수 있도록 하고, 전문성이 필요한 분야에만 전문가를 채용하는 식의 설계도 고려할 수 있다. 시민 옴부즈맨으로 감시하기보다 시민 모두가 행정에 참여하는 것이 더 투명하고 건강한 방식일 수 있다.

다행히 각 지역에서는 20대 시의원들이 하나둘씩 등장하고 있다. 다음 과제는 이들이 기존의 낡은 시스템에 물들지 않고 지속적으로 활동할 수 있도록 서로 연계하는 것이다. 사람은 혼자 두면 고립되기 쉽기 때문에, 의욕 있는 사람들이 모이는 장이 중요하다. 의욕이 넘치는 이들과 대화를 나눌 기회가 없다면 좋은 아이디어도 나오기 어렵다. 거꾸로 말하면, 그런 이들과 모일 수 있는 장소만 있으면 된다.

잘 생각해보면 사교의 장은 많지만, 도시에서도 자유롭게 의견을 나누고 아이디어를 함께 만들어갈 수 있는 공간은 의외로 드물다. 그런 공간을 만드는 일도 하나의 생업이 될 수 있다. 그것이 카페 같은 가게일 수도 있고, 또 다른 형태의 공간일 수도 있다.

현대 사회에서는 더 이상 할 수 있는 일이 없어 보인다는 허무감에 빠지기 쉽다. 하지만 자기 주변의 일부터 정치에 이르기까지 '여러 가지 일을 해보자', '자기 생활의 기반은 자기 머리와 몸으로 만든다', '가능하다면 일도 자급한다', '중요한 것은 건강, 즐거운 대화, 재미있는 놀이'라는 식으로 생각해보면, 해볼 만한 일들은 무수히 많다. 그렇게 하면 지루해질 틈이 없을 것이다.

집도 지으면서 먹거리도 생산하고, 옷감을 만들면서 카페에서 이벤트도 열고, 선거를 치르는 법도 익히고, 결혼식도 스스로 운영할 수 있게 되는 것. 생업은 이런 다양한 기술들을 몸으로 익히게 해준다. 소박해 보이지만 충분히 시도해볼 가치가 있으며, 그 과정에서 얻는 성취감도 크다.

회사에 소속되지 않고 나처럼 생업 만들기에 집중해도 좋고, 회사를 다니면서 생업을 하나둘 만들어도 그리 어렵지 않은 시대가 되었다. 혼자서 꾸준히 할 수도 있고, 몇 명이 함께해도 즐겁다.

덧붙이자면 내 취미 중 하나는 '회사에 다니느라 바쁘지만 무언가 해보고 싶어 하는 사람'을 찾아 그 사람의 생업을 함께 만드는 일이다. 혼자서 생업을 만들기 어려운 사람은 나 같은 사람을 찾아도 된다. 물론 '회사에 다니면서도 생업을 만들 수 있다'고는 했지만, 일상에 매몰되다 보면 좀처럼 실행에 옮기기 어렵고, 눈 깜짝할 사이에 한 해가 다 지나버리기도 한다.

서너 명이 팀을 이루는 것도 좋은 방법이다. 팀을 짜는 주된 목적은 의욕을 유지해서 실행에까지 이르는 데 있다. 따라서 모임은 필수 항목인데, 인원은 두세 명 정도가 적당하다. 사람이 너무 많으면 모임 날짜를 잡는 일만으로도 어려움을 겪게 되기 때문이다.

우리에겐 새로운 노동 방식이 필요하다

일의 기원에 대해 다시 생각해보자. 아주 먼 옛날에는 거의 완벽한 자급자족을 했고, 불과 몇십 년 전까지만 해도 많은 부분을 자급자족하며 살아왔다. 햇빛은 저절로 내리쬐고, 과일은 가만히 두어도 익으며, 물도 장소에 따라 흐르거나 샘솟아서 조건만 좋다면 먹을거리를 구하는 데 큰 수고가 들지 않았다.

하지만 잘하는 일이 있으면 잘 못하는 일도 있기 마련이고, 드물게 필요한 기술은 다른 사람에게 부탁하는 편이 빠르다는 사실을 알면서 일이 생겨났다. 곧, 다른 사람의 불편을 덜어주는 것이 '일'이 된 것이다. 이렇게 분업이 이루어졌지만, 지나치게 분업화되면서 일은 점점 지겨운 것이 되었다.

전체성이 결여되면 일은 지겨워진다. 역동적인 변화를 느낄 수 없기 때문이다. 인간이 무엇에 재미를 느끼는가는 흥미로운 주제인데, 그중 하나는 일의 과정에서 변화를 발견하는 데서 오는 즐거움이다. 그러나 지나친 분업화는 이러한 즐거움을 방해한다. 그래서 오늘날에는 힐링의 한 방법으로 직접 무언가를 만들거나 채소를 기르기도 한다. 이런 일들은 전체적인 흐름을 파악하기 쉬우며 변화도 뚜렷하게 드러난다.

분업을 하는 이유는 명확하다. 효율성을 높이기 위해서다. 만들어야 할 것이 많아지면서 일의 양도 늘었고, 이는 변화의 감각을 느끼지 못하게 만드는 원인이 되기도 했다. 고도 성장기와 버블 경제기였던 당시 일본 사회에서는 분업 없이는 감당할 수 없을 정도로 일이 많았다. 그러나 지금은 일의 양이 점점 줄고 있다. 이런 시대에는 분업이 아닌 새로운 노동 방식이 필요하다.

'DIY 기술을 가르칠 수 있는 건축설계사', '일러스트와 웹디자인을 모두 할 줄 아는 디자이너', '마케팅, 글쓰기, 웹프로그래밍까지 할 줄 아는 사람'처럼, 한 사람이 여러 역할을 겸할 수 있어야 한다. 물론 특정 분야의 천재는 예외다. '인스타페이퍼(Instapaper)'라는 어플리케이션을 개발하여 판매한 마르코 아먼트(Marco Arment)는 천재는 아니지만, 웹 개발, 디자인, 광고까지 혼자서 해내며 살아간다.

지금은 자급자족에서 출발해 지나친 분업화에 도달했다가 다시 자급자족으로 회귀하고 있는 시기처럼 보인다. 더 나아가, 분업화로 다양한 경험이 줄어들면 노동이 오히려 오락처럼 느껴질 가능성도 있다. 예전에는 목수 일을 해본 사람이 많았지만 지금은 드물기에, 목수 일이 신선한 작업으로 다가오는 것이다. 이것 역시 생업의 힌트가 될 수 있다.

'생업을 만든다'는 것은 각 개인이 자기 힘으로 작은 일을 만드는 것이다. 그 과정에서 자연스럽게 주변 사람들의 도움을 받게 된다. 완전한 자급자족을 목표로 삼으면 오히려 숨이 막힐 수 있다. 모든 일을 혼자서 하지 않더라도, 필요한 때에 해낼 수 있는 상태를 유지하는 것. 그것이 생업을 통해 몸에 익히게 되는 감각이다.

지금까지 내가 이야기한 것들이 온갖 서비스가 넘쳐나

는 시대에는 다소 시대착오적으로 보일 수도 있다. 하지만 아무리 생각해도 지나친 분업화는 사람들의 능력을 저하시킨다. 생활 속의 즐거움이 줄어든 것도 분업화와 관련이 있다. 동시에, 자신의 몸 하나로 어느 정도는 해결할 수 있다는 자신감 역시 잃어버렸다. 이러한 사실들은 사회 불안을 키우는 주요 원인으로 작용하고 있다.

이제부터라도 조금씩 자신감을 되찾지 않으면 일과 생활은 계속해서 지겹고 고된 것으로 남을 것이다. 하지만 생활 속에서 하나씩 자신이 할 수 있는 일의 범위를 넓혀간다면, 마치 롤플레잉 게임에 익숙해지듯 점점 재미를 느낄 것이다.

'생업을 만든다'는 것은, 그것으로 실제 돈을 벌어 생계를 유지할 수 있느냐와는 별도로, 우선 무언가를 스스로 만들어보는 경험이다. 이는 산에 올라가 눈부신 풍경을 마주할 때처럼 마음을 상쾌하게 만든다. 산은 혼자 올라가도 좋지만 여럿이 함께 올라가도 즐겁다. 관심 있는 사람이라면 꼭 도전해보기를 바란다. 왜냐하면, 정말로 재미있기 때문이다.

나오며

이 책에는 놀라운 기술이나 탁월한 업무 능력을 키우는 비법 같은 것은 담겨 있지 않습니다. 다만 사람들이 '어쩔 수 없다'고 여기는 문제들도 무리하지 않고 해결할 수 있다는, 하나의 사고방식에 대해 정리했을 뿐입니다.

중학생 때부터였는지, 고등학생 때부터였는지는 기억이 잘 나지 않습니다. 뭔가 이상하다고 느껴지는 일이 있으면 지치지도 않고 그 문제에 대해 계속 생각하면서 살아왔습니다. 또 흔치 않은 방식으로 일을 해왔기에 결국 책을 내게 되었습니다. 이런 내용이 책이 되었다는 사실은, 어쩌면 그만큼 세상이 이상해졌다는 뜻일지도 모르겠습니다.

갑갑한 시대 분위기는 저에게도 영향을 주었습니다. 대학 시절에는 활발하게 사회 활동도 하고 연구도 하면서 낙천적인 성격으로 살았지만, 도쿄로 올라와 취직해 회사에 다니기 시작하면서부터는 활기를 잃은 생활을 했습니다. 사람들과의 교류도 거의 끊기고, 일에 시달리다 주말이면 거의 잠만 자는 날들이 이어졌지요.

전철을 타면 대부업, FX마진거래(Foreign Exchange Margin Trading: 외국 통화를 사고파는 개인 투자 방식—옮긴이), "당신의 연봉은 얼마입니까"라며 이직을 유도하는 광고들이 쏟아졌고, 그런 풍경에 진절머리가 났습니다. 나의 스트레스는 시대 분위기와 맞물려 몰려왔습니다. 정말 괴로웠어요.

나는 아이스크림을 퍼먹는 정도로 겨우 버틸 수 있었지

만, 대학 친구 중에는 마음의 병을 얻어 휴직한 사람도 적지 않았습니다. 사회란 그만큼 가혹하다는 것을 절감했습니다.

어느 정도의 긴장은 필요하지만, 나는 지금의 혹독한 사회를 긍정하지 않습니다. 이런 불필요한 고통에 휘말리고 싶지 않다면, 세상과는 다른 규칙으로 살아갈 방법을 고민해야 합니다. 오늘날은 더 이상 카리스마 있는 누군가가 말하는 해답이 통하지 않는 시대이기도 합니다.

이 책은 그런 고민 속에서 나 자신을 실험 대상으로 삼아 생업을 실천해온 기록이자, 시행착오를 거듭하며 생업을 만들어가는 과정을 담은 사색의 결과물입니다. 달리 말하면, 나의 삶을 재료로 삼아 온 힘을 다해 만든 하나의 새로운 노동 방식이라고 할 수 있습니다. 이 책에 공감하는 분들이 있다면, 각자의 노동 방식과 생활 방식을 스스로 고안하고 실천하면서 함께 힘을 모아나가면 좋겠습니다.

타산적 관계가 우선시되고 사람 사이의 연결이 점점 사라지는 현대 사회에서, 저는 '생업식 노동 방식'이 그럭저럭 즐겁게 살아갈 수 있는 현재 가장 유력한 선택지 중 하나라고 생각합니다. 물론 이상한 다단계 판매나 사이비 종교에 의지하는 일은 없습니다. 물건을 판다면 상인답게, 정정당당하게 해야 한다고 믿습니다.

이 책을 얼핏 보고 "여러 가지 일을 하니까 즐겁겠다, 하지만 그만큼 바쁠 것 같다"고 생각하는 분이 계실지 모르겠습니다. 하지만 계절마다 다른 생업을 하거나 단기 집중형 생업을 병행하는 방식도 있으니, 계속할 수 있는 생업과 잘 조합한다면 마음과 시간의 여유도 충분히 확보할 수 있을 것입니다.

또 하나의 생업을 시작해 반응이 좋아지면 그와 비슷한 일을 부탁받는 경우도 많아집니다. 생화 장식을 만드는 경험은 결혼식 관련 생업에서 식장을 꾸미는 데 도움이 되는 식으로 좋은 순환이 일어나기도 합니다. 돌이켜보면 한두 가지 생업이 다섯 가지 정도로 늘어나는 일은, 처음 하나를 만드는 것보다는 훨씬 수월했던 것 같습니다. 이는 생활과 일을 하나로 통합했기 때문에 가능한 효과가 아닐까 생각합니다. '일과 삶의 균형' 이전에, 저는 일과 삶을 모순 없는 형태로 맞춰가고 싶습니다.

생업은 다방면을 넘나드는 '만물상' 같기도 하지만, 누구에게나 자신 있는 분야는 있기 마련입니다. 나는 늘 생업 아이디어를 떠올리는 훈련을 하고 있지만, 주로 공작이나 글쓰기, 다양한 요소를 조합해 정리하는 편집 능력을 활용하는 일을 맡고 있습니다. 디자인 같은 분야는 잘하는 친구에게 부탁할 때도 많습니다.

이 책에서는 '스스로 하는 것'을 강조하긴 했지만, 할 수 없는 일은 친구나 지인에게 부탁합니다. 생업이라는 형태로 개인 사이에 서비스가 유통된다면, 무리한 부탁을 하지 않아도 되고 과로할 필요도 없는, 더 평온한 경제가 만들어질지도 모르겠습니다. 그럼, 앞으로도 잘 부탁드립니다.

2012년 6월
이토 히로시

옮긴이의 말

일본은 절망의 나라로 불리지만 젊은이들이 의외로 행복감을 느끼며 살아간다는 사실을 밝힌 책이 얼마 전에 출간되어 화제를 모았다. 하지만 그들보다 조금 윗세대의 사정은 또 다른가 보다. 이 책의 저자 이토 히로시는 현재 30대 중반으로, 명문 교토 대학을 나왔지만 취업에 잇따라 실패한 경험이 있다. 어렵게 들어간 직장에서는 과중한 업무와 스트레스로 결국 퇴사했고, 자유기고가로 홀로 서보려 했지만 이미 자리를 잡은 이들 틈에 끼어들 용기가 나지 않았다. 이런 이야기는 내 주변에서도 흔하다. 여기까지는 전혀 낯설지 않은, 평범한 '청년'의 서사다.

그러나 저자가 그다음에 택한 삶, '생업'을 하며 살아가는 방식을 들여다보는 순간, 익숙하면서도 선뜻 상상하기 어려운 풍경이 펼쳐진다. 그것이 익숙하게 느껴지는 건, 인간 삶에 필요한 기본적인 것들, 즉 의식주를 스스로 해결하며 살아가던 시대가 그리 오래전 일이 아니었음을 저자가 상기시키기 때문이다. 한편으로는 현대 사회에서 당연하게 여겨지는 선택들—회사에 들어가 월급을 받거나, 큰 자본을 들여 자영업을 시작하는 방식—을 거부하면서도 스스로의 힘으로 살아갈 수 있는 길을 제시한다는 점에서 신선하고 놀랍다.

먹고살 만큼 벌고, 건강하게 살며, 여유까지 누리고 싶다는 바람은 오늘날을 살아가는 누구에게나 공통된 소망일 것이다. 그러나 이 셋을 모두 충족시키기는 어렵다. 어느 하나에 집중하기 시작하면 다른 하나가 무너지고, 결국 무엇 하나는 포기하는 것이 일반적인 삶의 공식처럼 여겨진다. 심지어 그렇게 사는 것이 바람직하다고까지 말한다. 우리는 지금 '평범하게 살기 위해 죽을 만큼 노력해야 하는' 이상한 시대를 살고 있다.

저자는 바로 이 시대의 '이상함'에 맞서고 있다. 죽도록 애쓰지 않아도 인간이 살아가는 데 필요한 것들을 스스로 마련할 수 있다면 충분히 즐겁게 살아갈 수 있다는 믿음에서다. 생업은 단순한 아르바이트도, 전업도 아니다. 하면 할수록 건강해지고, 생계를 유지할 만큼의 수입도 생긴다. 그러면서도 다른 사람들에게 도움이 되고, 자신만의 네트워크도 자연스럽게 넓어진다. 이러한 그의 삶이 설득력을 갖는 것은, 밥 짓기나 빨래, 청소처럼 '누구나 할 수 있는 일'로 여겨지는 활동을 인간의 역사와 연결 지어 재해석하고 있기 때문이다.

또한 인터넷을 통해 전 세계가 연결된 지금, 개인이 감당할 수 있는 작은 사업의 가능성은 과거보다 훨씬 넓어지고 있다. 그중에서도 가장 흥미로운 부분은 집을 짓는 기술과 관련된 생업이다. 주거는 누구에게나 필수적인 요소이지만, 일부 전문가를 제외하면 대다수 사람들에게 집은 평생 부담해야 할 '바가지' 같은 존재다. 자동차조차 '직구'가 가능한 세상이지만, 집만큼은 여전히 직구가 불가능하다. 그래서 우리는 언제까지나 '호갱'으로 남을 수밖에 없는 게 아닐까? 이런 고통에 수십 년을 눌려 살기보다는, 차라리 집을 짓는 기술을 서로 가르치고 배우며 나눌 수 있다면 어떨까? 집과 관련된 일은 한국에서도 충분히 유력한 생업이 될 수 있을 것이다.

저자가 시작한 생업을 단순히 취업에 실패한 한 청년의 독특한 선택으로만 바라보아서는 곤란하다. 생업은 현대 사회에 내재된 삶의 모순을 풀어보려는 하나의 실험이기도 하다. 그리고 한때 한 국가가 '주식회사'로 불릴 정도로 산업화가 성장의 동력이 되었던 시대는 이제 되돌아오지 않을 것이다. 그렇기에 지금 우리에게는, 산업화 시대의 삶만이 정답이라는 고정관념에서 벗어나, 새로운 시대에 걸맞은 생활 방식과 노동 방식을 모색할 필요가 있다. 그렇다면 과연 '생업'은 그에 부합하는 해답이 될 수 있을까?

물론 이제 막 시작된 이 실험에 선뜻 동참하기는 쉽지 않다. 하지만 이 책은 우리 사회가 총체성을 잃은 삶을 강요하는 방식에 문제를 제기하며, 그 모순을 하나씩 해결해가는 일이 곧 '사업'이 될 수 있음을 보여준다. 그리고 건강하고 즐겁게 일하며 살아가는 삶은 결코 먼 이야기만은 아니라는 가능성도 함께 제시한다.

이런 삶을 택하는 사람들이 점점 많아진다면 어떻게 될까? 기회가 닿는다면, 10년쯤 뒤 저자와 그와 함께 생업을 실천하고 있는 사람들이 만들어낸 사회적 변화에 대해 다시 한 번 살펴보고 싶다. 물론, 한국에서 이런 삶을 시작한 이들의 이야기도 함께 들어보고 싶다.

2015년 7월
지비원

작고 소박한 나만의 생업 만들기
— 인생을 도둑맞지 않고 사는 법

초판 1쇄 발행 2015년 7월 20일
초판 6쇄 발행 2020년 6월 25일
개정판 1쇄 발행 2025년 8월 25일

지은이 | 이토 히로시
옮긴이 | 지비원
디자인 | 스튜디오 폼투필

펴낸이 | 박숙희
펴낸곳 | 메멘토
신고 | 2012년 2월 8일 제25100-2012-32호
주소 | 서울시 은평구 연서로26길 9-3, 301호
전화 | 070-8256-1543 팩스 | 0505-330-1543
전자우편 | memento@mementopub.kr

ISBN 979-11-92099-47-7 (03300)

이 책의 내용 및 이미지를 이용하려면
반드시 저작권자와 메멘토의 동의를 받아야 합니다.

잘못된 책은 구입하신 서점에서 바꿔 드립니다.
책값은 뒤표지에 있습니다.